Ozeane

Die Deutsche Bibliothek – CIP-Einheitsaufnahme

Ein Titeldatensatz für diese Publikation ist bei
Der Deutschen Bibliothek erhältlich

1 2 3   04 03 02

Text: Linsay Knight
Grafik: Graham Back, Greg Bridges, Simone End, Christer Eriksson,
Mike Golding, Mike Gorman, Richard Hook, David Kirshner, Alex Lavroff,
Colin Newman, Oliver Rennert, Trevor Ruth, Rod Scott, Steve Seymour,
Ray Sim, Kevin Stead

Lizenzausgabe für den Ravensburger Buchverlag Otto Maier GmbH
© 2002 Ravensburger Buchverlag Otto Maier GmbH
Alle Rechte, auch die des auszugsweisen Nachdrucks,
der fotomechanischen Wiedergabe
und der Übersetzung, vorbehalten

Rechte der Originalausgabe:
Weldon Owen Pty Limited
Titel der Originalausgabe: Under the Sea
© Weldon Owen Pty Limited
© der deutschen Originalausgabe bei Der Club – RM Buch
und Medien Vertrieb GmbH und der angeschlossenen
Buchgemeinschaften

Übersetzung aus dem Englischen und deutsche Bearbeitung:
Hans Peter Thiel/Marcus Würmli
Redaktion: Maike Dreyer
Umschlaggestaltung: vitamin_Be
Printed in Germany
ISBN 3-473-35947-5

www.ravensburger.de

Ozeane

Ravensburger Buchverlag

Inhalt

• LANDSCHAFT UNTER WASSER •

Die Weltmeere	6
In tiefste Tiefen	8
Wogende See	10
Strömungen	12

• LEBEN IM MEER •

Flussmündungen	14
Sand und Fels	16
Küstengewässer	18
Korallenriffe	20
Gut getarnt	22
Eisige Meere	24
Nahrungsketten	26
Im Dämmerlicht	28
Schwimmer in der Tiefsee	30
Bodenbewohner	32

• ERFORSCHUNG DER MEERE •

Die ersten Reisen	34
Wracks und Schätze	35
Tauchboote	40
Labor auf See	42

• GEHEIMNISSE DES MEERES•

Seemannsgarn	44
Ungelöste Rätsel	46
Wundersame Wanderzüge	48

• NUTZUNG DER MEERE •

Nahrung aus dem Meer	50
Bergbau im Meer	52
Tod durch Verschmutzung	54
Die Zukunft der Ozeane	56
Hilfe für das Meer	58
Zahlen und Daten	60
Fachbegriffe	62
Register	64

Die Weltmeere

Von einem Raumschiff aus erscheint die Erde als wundervoller blauer Planet. Riesige Meere bedecken fast drei Viertel seiner Oberfläche. Man erkennt die drei großen Ozeane, den Pazifischen (Pazifik), den Atlantischen (Atlantik) und den Indischen Ozean (Indik). Vor 250 Millionen Jahren bestand die Erde aus einem einzigen Urkontinent. Er zerbrach in sieben gewaltige, bis zu 70 km dicke Gesteinsplatten. Als diese auf der zähflüssigen Gesteinsschicht des Erdmantels auseinander drifteten, entstanden die heutigen Erdteile mit den Meeren dazwischen. Noch immer bewegen sich die Platten mit einer Geschwindigkeit von rund 2 cm pro Jahr. Wo sich zwei Platten auseinander bewegen, steigt heiße Lava auf. Sie füllt den Zwischenraum aus und bildet neuen Meeresboden. Auf gleiche Weise wuchsen die Meeresbecken im Laufe von Jahrmillionen. Vor fünf Millionen Jahren war das Rote Meer noch ein flaches Becken. Es vergrößert sich zusehends und wird in Jahrmillionen vielleicht zu einem neuen Ozean.

Urkontinent
Vor 250 Millionen Jahren gab es nur einen zusammenhängenden Urkontinent. Über die lange Zeit davor wissen wir kaum etwas.

Kontinentaldrift
Vor 200 bis 130 Millionen Jahren brach der Urkontinent auf und die Gesteinsplatten drifteten auseinander.

SCHON GEWUSST?
Der Deutsche Alfred Lothar Wegener (1880–1930) behauptete als Erster, dass vor vielen Jahrmillionen der Urkontinent auseinander gebrochen sei und seine Bruchstücke heute noch auseinander drifteten.

Kräfte aus der Tiefe
Wenn sich zwei benachbarte Platten auseinander bewegen, kann glutflüssiges Gestein aus dem Erdinneren nach oben dringen. Es tritt am Meeresboden aus und übt starken Druck auf die auseinander weichenden Platten aus. Dadurch verbreitert sich der Meeresboden. An den entgegengesetzten Enden stoßen die beiden Gesteinsplatten an andere Platten. Dort baut sich ein hoher Druck auf, der sich in Vulkanausbrüchen und Erdbeben entladen kann.

DAS ROTE MEER AUF DEM VORMARSCH

Seit fünf bis zehn Millionen Jahren bewegen sich die afrikanische und die arabische Platte auseinander. Diese Drift hält bis auf den heutigen Tag an und das Rote Meer wird jedes Jahr ungefähr 1 cm breiter. Als der Astronaut Eugene Cernan mit dem Raumschiff *Apollo 17* im Jahr 1972 zum Mond flog, nahm er dieses Foto vom Roten Meer auf. Der Riss, der in der Erdkruste deutlich wird, heißt Großes Rifttal. Es zieht vom Tal des Jordan über das Tote Meer und das Rote Meer und quer durch Ostafrika bis nach Südafrika. Dieser Graben entstand durch die Bewegung der Platten.

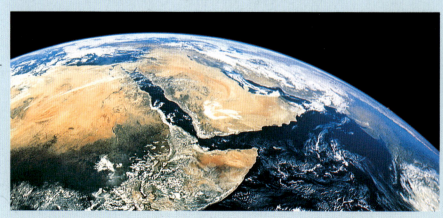

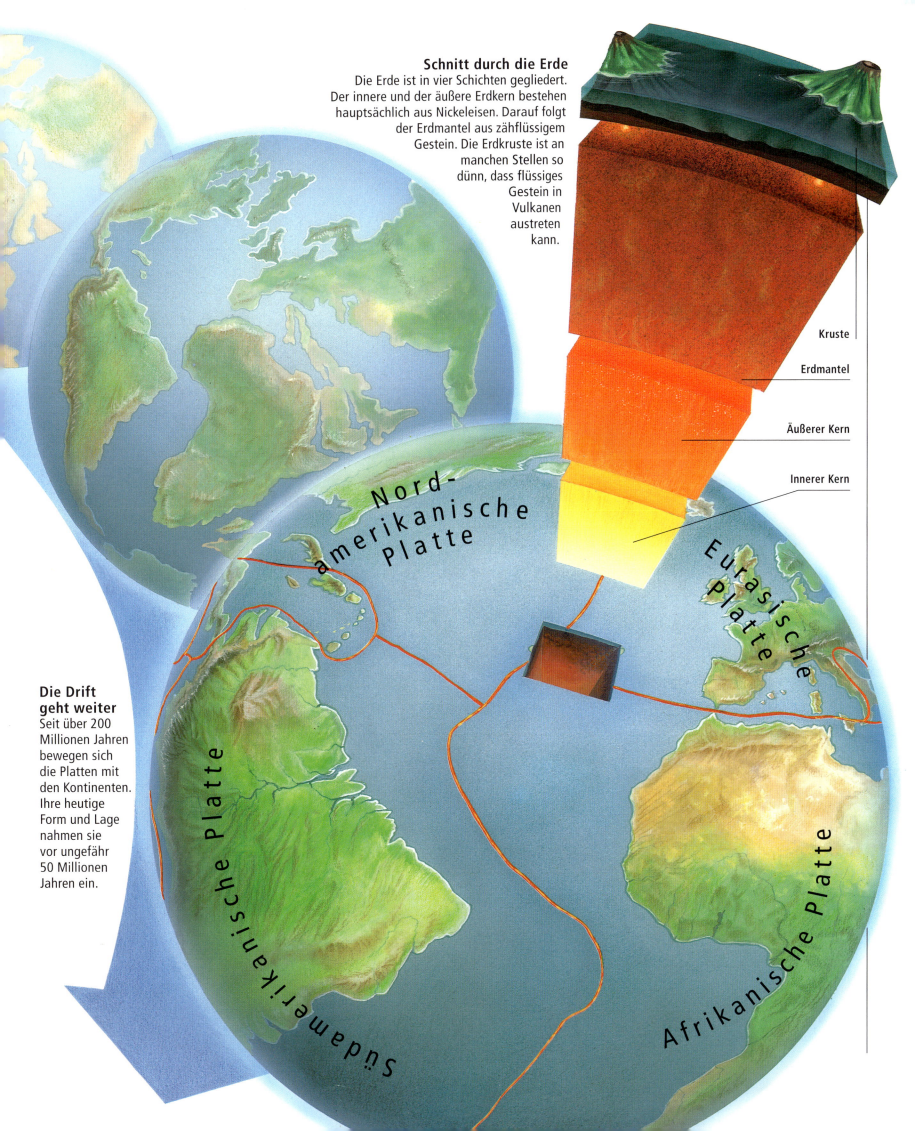

In tiefsten Tiefen

Wenn alle Meere plötzlich verdunsteten, wäre man sehr erstaunt. Auf dem Meeresgrund ragen nämlich ungeheure Gebirge auf. Es gibt tiefe Täler, steile Hänge und flache Becken, enge Gräben und hohe Rücken. Die Landschaft unter Wasser ähnelt auf überraschende Weise der auf dem Land. Moderne Forschungsschiffe haben viel dazu beigetragen, dass wir heute über die untermeerischen Landschaftsformen einigermaßen Bescheid wissen. Von 1968 bis 1975 bohrte die *Glomar Challenger* über 400 Löcher in den Meeresboden und sammelte Gesteinsproben. Damit konnten sich die Geologen erstmals ein Bild vom Meeresgrund machen. Sie erfuhren so, dass der flache Kontinentalschelf früher wohl einmal trockenes Land gewesen war und zum Festland zu zählen ist. Mit dem Kontinentalabhang endet jeder Erdteil und die Tiefsee beginnt. Die Wissenschaftler sind immer noch dabei, die Landschaft unter Wasser zu erforschen und mit Hilfe von Sonaren zu kartieren.

Kontinentalschelf
Der Kontinentalschelf ist vom Meer überflutetes Festland. Im flachen Schelfmeer leben viele Tiere und Pflanzen. Hier wird häufig erfolgreich nach Öl gebohrt.

Kontinentalabhang
Dieser mehr oder weniger steile Abhang bildet die Grenze zwischen Flach- und Tiefsee.

Reise in die Tiefe
Dieser gepanzerte Taucher ist mit einem Schiff über Schläuche verbunden, die ihn mit Luft versorgen.

Kabel verlegen
Ein Taucher und ein unbemanntes Tauchboot verlegen ein Telefonkabel auf dem Kontinentalschelf.

Instrumente für die Forschung
Die Wissenschaftler sammeln Informationen vom Meeresboden und nehmen auch Bodenproben, um sie nach Lebewesen zu untersuchen. Mit dem Bathythermografen zeichnen sie zum Beispiel auf, wie sich die Wassertemperatur mit zunehmender Tiefe ändert. Mit dem Schlammschöpfer holen sie kleine Sedimentproben vom Boden.

Schlammschöpfer

Bathythermograf

Kissenlava
Wenn heißes, geschmolzenes Gestein, das so genannte Magma, aufsteigt und am Meeresboden austritt, kühlt es sich schnell ab und erstarrt zu wulst- und kugelförmiger Kissenlava. Das Foto wurde bei den Galapagosinseln aufgenommen.

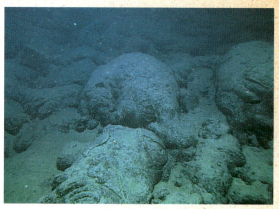

8

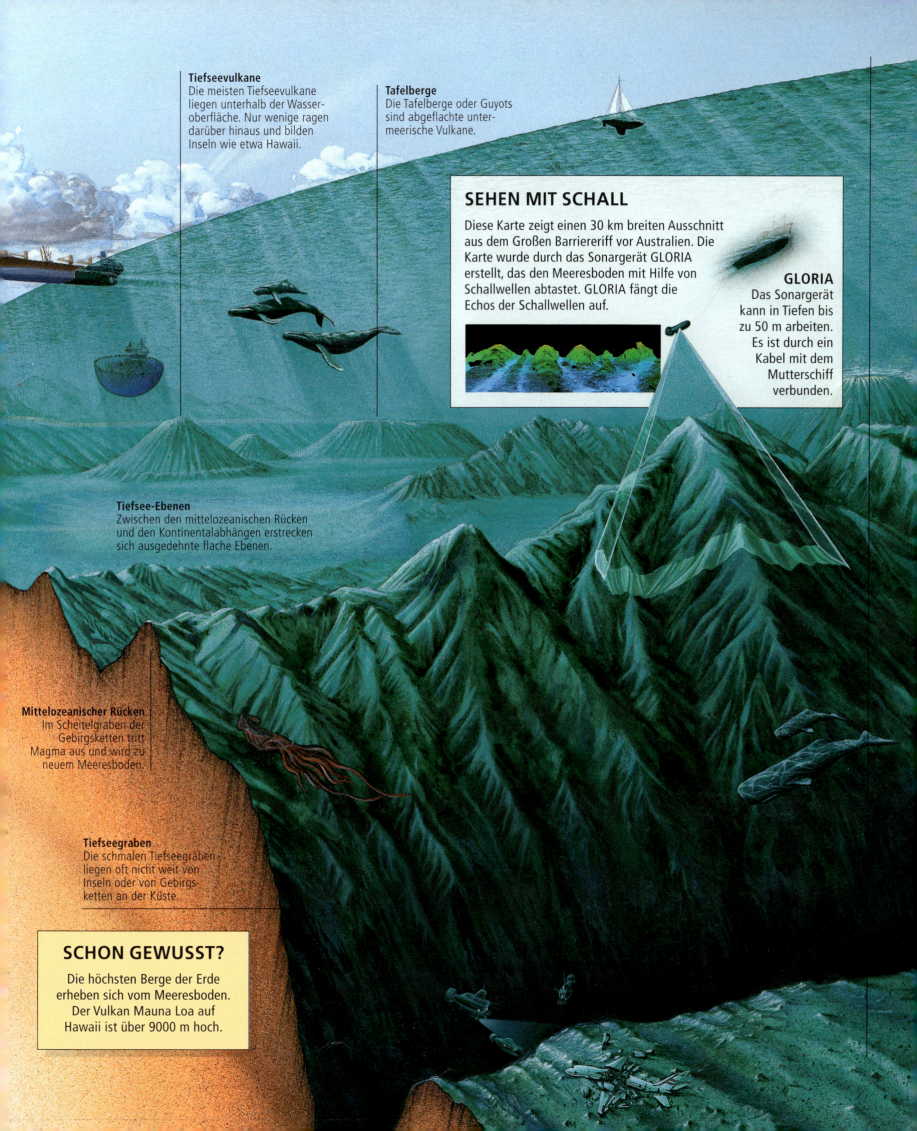

Wogende See

Das Meer ist fast immer in Bewegung. Nur selten liegt es ruhig und glatt da wie ein Spiegel. Winde schaukeln die Oberfläche ständig zu Wogen und Wellen auf. Während eines tropischen Wirbelsturms können diese 14 m und höher werden. Die größten bekannten Wellen, die von Winden aufgetürmt wurden, erreichten eine Höhe von 34 m. Wellen entstehen aber auch durch Vulkanausbrüche oder durch Erdbeben auf dem Meeresboden. Solche Riesenwellen werden nach einem japanischen Wort „Tsunamis" genannt. Sie legen weite Entfernungen mit der Geschwindigkeit eines Düsenflugzeugs zurück. Auf dem offenen Meer sind sie kaum wahrzunehmen. Erst an der Küste erreichen sie erschreckende Höhen. Auch wenn Strömungen oder Gezeiten zusammentreffen, können Wellen und mächtige Strudel entstehen. Berüchtigt dafür ist der Malstrom vor der Küste Norwegens. Das Donnern der Wellen hört man hier noch in 5 km Entfernung.

Windhosen
Wenn aufsteigende feuchte Warmluft auf trockene Kaltluft trifft, können Windhosen entstehen. Es sind Luftwirbel, die Sand oder Wasser mit sich fortreißen. Bisweilen saugen sie Fischschwärme kilometerhoch in die Luft. Eine solche Wasserhose dauert selten länger als eine Stunde. Im Gegensatz zu einem Tornado richtet sie jedoch kaum größeren Schaden an.

EINE WAND AUS WASSER

Besonders die Küstengebiete im Pazifik stehen unter dauernder Bedrohung durch Tsunamis. Man stelle sich nur einmal vor, dass eine Wand aus Wasser mit einer Geschwindigkeit von mehreren hundert Kilometern in der Stunde auf einen zurast! Ein Tsunami kann ganze Ortschaften, ja Städte zerstören. Vor Jahrtausenden brach Mauna Loa, einer der Vulkane der Hawaii-Inseln, auseinander und ein großer Teil stürzte ins Meer. Dieser Bergrutsch erzeugte einen Tsunami, der auf der Nachbarinsel Lanai 280 m hoch ankam. Bei einem derartigen Unglück wären heute alle Küstengebiete von Hawaii in Gefahr. Bis zu 30 m hohe Wellenberge würden in die Hauptstadt Honolulu rollen. Deshalb gibt es im Pazifik einen Tsunami-Frühwarndienst.

Zerstörerische Kräfte
Ein Hurrikan erreicht einen Durchmesser von bis zu 650 km. Auf der Beaufort-Skala werden diese Stürme mit Stärke 12 angegeben. Das Foto dieses Hurrikans wurde vom Spaceshuttle *Discovery* aufgenommen.

Die Beaufort-Skala
Mit dieser 13-stufigen Skala teilt man die Winde nach ihrer Stärke ein. Bei Windstärke 0 ist Windstille und das Meer spiegelglatt, bei 6 herrscht starker Wind mit Wellen bis zu 3 m. Bei Windstärke 12 spricht man von einem Orkan, dessen Wellen bis zu 14 m hoch werden.

Ein Orkan
Dieses Falschfarbenbild eines schweren Sturms in der Beringstraße stammt von einem Satelliten aus dem Weltraum.

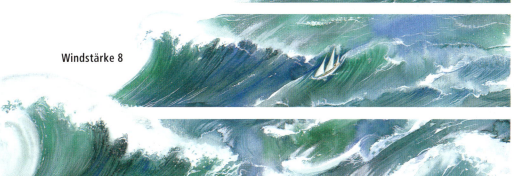

Windstärke 4

Windstärke 8

Windstärke 12

Strömungen

Die größten Meeresströmungen sind tausende von Kilometer lang. Angetrieben werden sie von unterschiedlich dichten Wasserschichten und von Winden. Es gibt sieben besonders große und hunderte von kleineren Meeresströmungen. Sie fließen alle mit Schrittgeschwindigkeit bis hin zu fünf Knoten. Auf der Nordhalbkugel bewegen sich die Ströme im Uhrzeigersinn, auf der Südhalbkugel in umgekehrter Richtung. Kalte oder warme Meeresströmungen beeinflussen das Klima an den Küsten. Der Golfstrom beispielsweise transportiert warmes Wasser von der Karibischen See an die Ostküste der Vereinigten Staaten und schließlich bis nach Großbritannien und Nordeuropa. Ohne den Golfstrom wären die Häfen im Norden Europas im Winter nicht eisfrei. Da die Meere auch von der Schwerkraft des Mondes und der Sonne beeinflusst werden, entstehen die Gezeiten oder Tiden. In Abständen von etwa sechs Stunden fällt und steigt der Meeresspiegel. Wir sprechen von Ebbe und Flut. Der Unterschied zwischen niedrigstem und höchstem Wasserstand heißt Tidenhub. Er ist in Flussmündungen und engen Buchten am größten. Die Bay of Fundy in Ostkanada hat mit 15 m den höchsten Tidenhub der Erde. An der Nordseeküste beträgt er etwa 2 bis 4 m.

Mondkräfte
Da der Mond der Erde viel näher ist als die Sonne, wirkt sich seine Schwerkraft stärker aus. Auf der dem Mond zugewandten Seite herrscht Flut, ebenso auf der gegenüberliegenden Seite der Erde. Da sich die Erde um sich selbst dreht, gibt es an den Küsten etwa alle zwölf Stunden diesen „Wasserbauch".

SPRING- UND NIPPFLUTEN
Die höchsten und die niedrigsten Tiden und damit die größten Unterschiede zwischen Ebbe und Flut gibt es, wenn Mond, Sonne und Erde in einer Linie liegen. Dann addieren sich deren Schwerkrafteinflüsse und wir sprechen von einer Springflut. Stehen Sonne und Mond in einem rechten Winkel zur Erde, so heben sich die Wirkungen der Schwerkraft teilweise auf und es entsteht die Nippflut.

In alle Winkel der Erde
Im Jahr 1977 warf Nigel Wace zwischen Südamerika und der Antarktis 20 Weinflaschen von einem Schiff ins Meer. Er wollte herausfinden, wie weit und wie schnell sie vom Meer transportiert würden. Die meisten Flaschen brauchten zwei Jahre, um nach Westaustralien zu treiben, und fast drei Jahre bis Neuseeland. Andere erreichten Südafrika, die Seychellen und die Osterinseln. Weil im Meer so viele Abfälle schwimmen, sagt Wace heute, würde er nichts mehr über Bord werfen, nicht einmal für diesen Versuch.

Ströme im Kreis

Die größten Meeresströmungen bewegen sich im Kreis und bilden Wirbel in den Ozeanen. Diese stark vereinfachte Zeichnung zeigt die zwei Wirbel im Atlantik. Die größte Meeresströmung ist die Westwinddrift, die rund um den Südpol verläuft.

Der Weg der Ströme

In den Tropen drücken kräftige Winde die Meeresströmungen zum Äquator hin. Auf diese Weise entstehen zum Beispiel die Nord- und Südäquatorialströme. In den nördlichen und südlichen Meeren sorgen Westwinde dafür, dass sich die Meeresströmungen ostwärts bewegen. Eine große Rolle spielt auch die Erdrotation. Sie bewirkt, dass die Strömungen auf der Nordhalbkugel im Uhrzeigersinn und auf der Südhalbkugel gegen den Uhrzeigersinn fließen.

SELTSAM, ABER WAHR

Ein Frachter verlor 1990 bei einem Sturm im Nordpazifik 80 000 Paar Turnschuhe. Etwa ein Jahr später wurden 2000 Schuhe an der Westküste Nordamerikas angespült. Die Forscher konnten anhand der Schuhfunde Informationen über die Meeresströmungen sammeln.

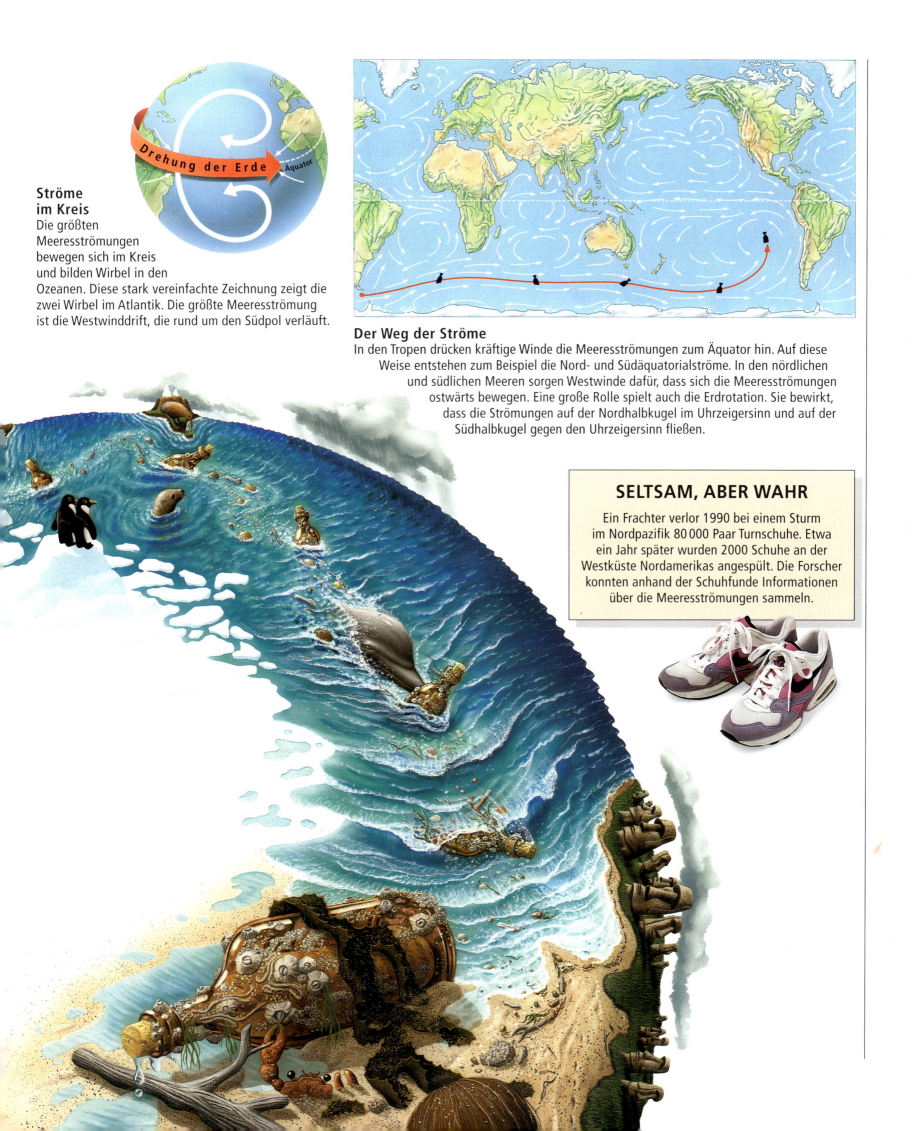

Mangroven
An flachen tropischen Meeresküsten wurzeln die Mangrovenbäume im Schlick und werden regelmäßig überflutet. Mit Stelzwurzeln verankern sie sich im Boden, mit Luftwurzeln nehmen sie Sauerstoff aus der Luft auf.

Flussmündungen

Wo Flüsse ins Meer münden, mischt sich Süßwasser mit Salzwasser. Die ein- und ausströmenden Gezeiten halten die Flussmündung offen und erweitern sie in Form eines Trichters. Kurz vor der Mündung teilt sich der Fluss oft in mehrere Arme. Er lagert mitgeführten Sand, Ton und Lehm ab. So baut sich allmählich ein Delta auf. In solchen Ästuaren ändert sich der Salzgehalt des Wassers ständig. Die vielen hier lebenden Tiere haben sich diesem Wechsel in der Brackwasserzone angepasst. Süßwassertiere leben überwiegend in den oberen Wasserschichten, in der Tiefe kommen Salzwassertiere vor. Jungfische finden Unterschlupf in den ausgedehnten Seegraswiesen. Bei Ebbe suchen Watvögel im Schlick nach Würmern und Krebschen, die hier in großer Zahl auftreten. Wegen des Nahrungsangebots sind Ästuare Paradiese für Wasservögel.

Ein Schlaraffenland
Wasservögel, Insekten, Würmer, Muscheln, Krabben und Fische finden in den Flussmündungen ein vielfältiges Nahrungsangebot.

Zwei Lebensräume

In den Ästuaren treffen zwei Lebensräume, Fluss und Meer, aufeinander. Süßwasser und Salzwasser vermischen sich hier zu Brackwasser.

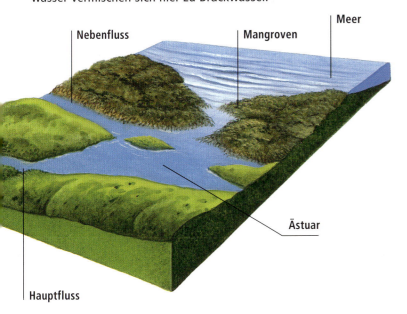

Nebenfluss — Mangroven — Meer — Ästuar — Hauptfluss

LEBENSLAUF EINER MUSCHEL

Muscheln beginnen ihr Leben als frei schwimmende kugelförmige Larven, die sich mit Wimpern fortbewegen. Nach einiger Zeit setzen sie sich fest und bilden die zweiklappige Schale aus. Dann graben sie sich im Sand oder Schlick ein oder befestigen ihre Schale mit Fäden auf felsigem Untergrund.

Erste Larve — **Zweite Larve** — **Erwachsene Muschel**

Schützenfisch
Der Schützenfisch „schießt" Insekten, die außerhalb des Wassers an Blättern sitzen, mit einem gezielten Wasserstrahl ab. Wenn sie herunterfallen, verspeist er sie.

Herzmuschel
Viele Herzmuschelarten sind essbar. Sie sind aber schwer zu finden, weil sie sich im Meeresboden eingraben.

Blaubarsch
Die fressgierigsten aller Fische sind die Blaubarsche. Mit ihren messerscharfen Zähnen machen sie sich über kleinere Fische her.

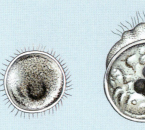

Wellhorn-Schnecke
Die großen Schnecken mit den spiraligen Häusern sind mit den Weinbergschnecken verwandt.

Maulwürfe im Meer
Der helle Maulwurfkrebs Australiens gräbt Röhren in Schlick und Sand. Er zwickt jeden, der ihn dabei stört.

Meerscheide
Die 20 cm langen Muscheln graben sich im Sand ein.

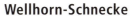

Seepferdchen
Diese Fische schwimmen aufrecht und bewegen dazu die Rückenflosse.

15

Sand und Fels

An der Küste berühren sich Land und Meer. Sandige Küsten scheinen kaum von Pflanzen und Tieren besiedelt. Wir erkennen nur an den Muschelschalen und den vom Meer angespülten Resten, dass es auch am Strand Leben gibt. Ganz anders ist es an den steilen Felsküsten. Hier begegnen wir auch tagsüber zahlreichen Tierarten. In den ausgewaschenen Tümpeln leben Krabben und Garnelen. Seeigel grasen die Algenschicht an den Felsen ab. Ihre räuberischen Verwandten, die Seesterne, fressen Muscheln, die sie mit Gewalt öffnen. Am felsigen Untergrund haften Seeanemonen und erbeuten mit ihren Fangarmen kleine Fische. Einige Arten sind bei Ebbe nicht von Wasser bedeckt. In der Gezeitenzone wurzeln auch riesige Tange. Diese Algen werden an der Westküste Amerikas bis zu 50 m lang.

Blumen des Meeres
Seeanemonen besitzen auf ihren Fangarmen Nesselkapseln. Wenn ein Tier diese berührt, explodieren sie und der giftige Nesselfaden wird auf die Beute abgeschossen.

Garibaldi-Fisch
Die hellorangen Garibaldi-Fische nehmen kleine Felshöhlen in Besitz. Die Weibchen paaren sich mit jenen Männchen, die die besten Laichplätze haben.

BAUPLAN EINES SEESTERNS

Seesterne, Schlangensterne, Seeigel und Seegurken bilden die Tiergruppe der Stachelhäuter. Der Körper eines Seesterns ist von einem Wassergefäßsystem durchzogen. Es ist mit hunderten von Saugfüßchen verbunden, mit denen sich das Tier langsam vorwärts bewegt. Der Magen liegt bei den Seesternen in der Körpermitte. Der After befindet sich darüber auf dem Rücken, entgegengesetzt vom Mund. Vom Magen aus reichen Blindsäcke bis weit in die Arme. Darin werden Beutetiere verdaut. Verliert ein Seestern einen Arm, kann dieser wieder nachwachsen. Er ist dann aber etwas kürzer.

- Eingang zum Wassergefäßsystem
- Wassergefäßsystem
- Saugfüßchen

Küstengewässer

Die Küstengewässer wimmeln von Lebewesen. Der größte Teil der Fische und Muscheln, die wir verspeisen, wird hier gefangen. Diese flachen Meeresgebiete liegen über dem Kontinentalschelf. Man spricht deshalb auch vom Schelfmeer. Es ist bis 70 m tief. So weit dringt gerade noch Licht ein. Milliarden von kleinen Tieren und Algen schweben hier im Wasser. Dieses Plankton bildet die Nahrungsgrundlage für alle übrigen Tiere, besonders für die großen Fischschwärme aus Sardinen und Heringen. Auf diese machen wiederum größere und kleinere Räuber Jagd, etwa Wolfsbarsche, Hornhechte und Tunfische. In warmen Küstengewässern bringen Buckelwale ihre Jungen auf die Welt. Sie schaffen sie sofort nach der Geburt zur Wasseroberfläche, wo sie ihren ersten Atemzug tun.

Perlboot
Das Perlboot lebt in einer Schale mit vielen Kammern. Es kann den Gasgehalt in den Kammern und damit seine Tauchtiefe bestimmen.

Kammer, Eierstock, Auge, Kiefer, Fangarme, Manteltrichter, Kiemen

Papierboot
Das Papierboot ist ein schalenloser Tintenfisch. Für ihre kleinen gallertartigen Eier baut das Weibchen aber eine papierdünne weißliche Schale.

Seeschlangen
Die auffallende Seeschlange hat einen paddelartigen Schwanz, mit dem sie sehr schnell schwimmt. Ihre Eier legt sie jedoch an Land. Seeschlangen gehören zu den giftigsten Tieren.

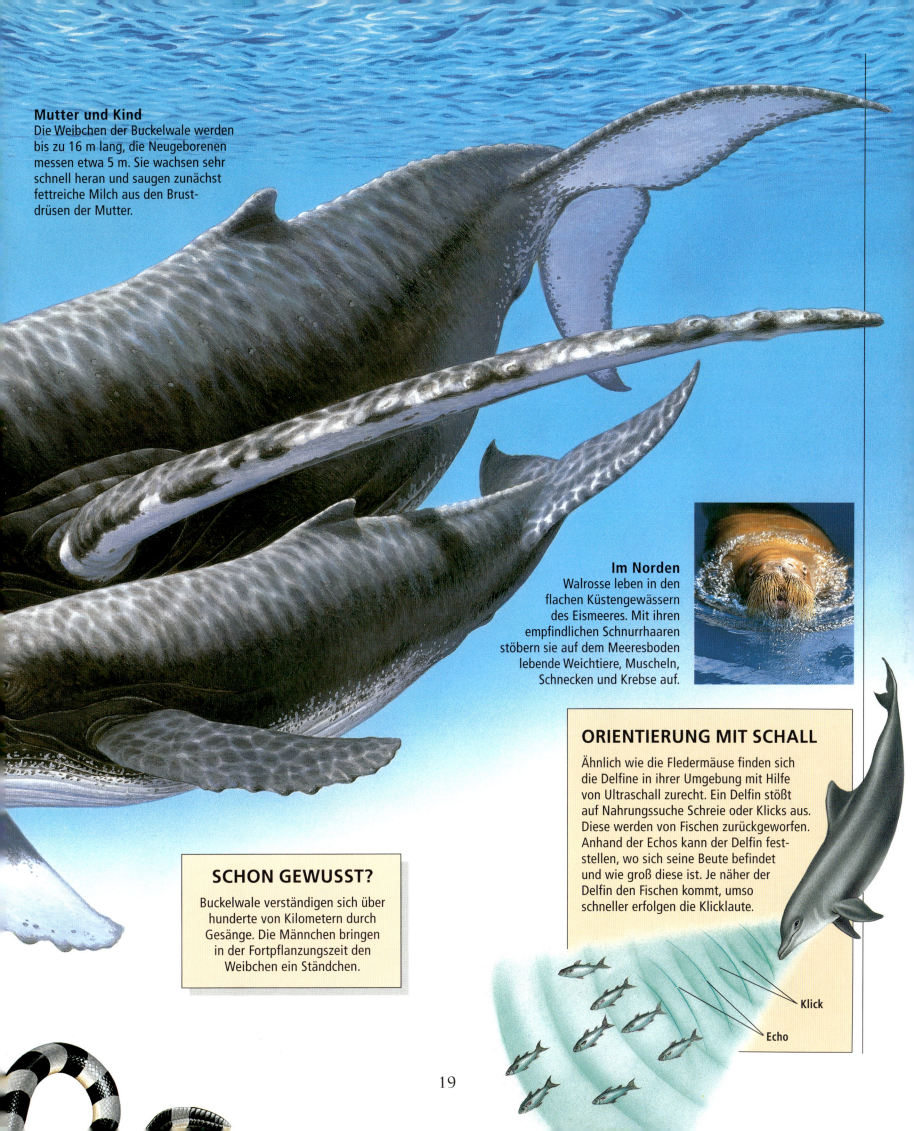

Mutter und Kind
Die Weibchen der Buckelwale werden bis zu 16 m lang, die Neugeborenen messen etwa 5 m. Sie wachsen sehr schnell heran und saugen zunächst fettreiche Milch aus den Brustdrüsen der Mutter.

Im Norden
Walrosse leben in den flachen Küstengewässern des Eismeeres. Mit ihren empfindlichen Schnurrhaaren stöbern sie auf dem Meeresboden lebende Weichtiere, Muscheln, Schnecken und Krebse auf.

ORIENTIERUNG MIT SCHALL

Ähnlich wie die Fledermäuse finden sich die Delfine in ihrer Umgebung mit Hilfe von Ultraschall zurecht. Ein Delfin stößt auf Nahrungssuche Schreie oder Klicks aus. Diese werden von Fischen zurückgeworfen. Anhand der Echos kann der Delfin feststellen, wo sich seine Beute befindet und wie groß diese ist. Je näher der Delfin den Fischen kommt, umso schneller erfolgen die Klicklaute.

Klick
Echo

SCHON GEWUSST?
Buckelwale verständigen sich über hunderte von Kilometern durch Gesänge. Die Männchen bringen in der Fortpflanzungszeit den Weibchen ein Ständchen.

Korallenriffe

Korallenriffe sind die Gärten der warmen Meere. Hunderte von Tierarten bilden eine Lebensgemeinschaft: bunte Fische in allen Formen, schlanke Garnelen, viele Arten von Schnecken, blaue und rote Seesterne, Seerosen in märchenhaften Farben und zarte Quallen. Es ist das Reich der Blumentiere, zu denen auch die Korallen oder Polypen zählen. Diese eigentümlichen Tiere leben in großen Stöcken zusammen. Die Polypen bauen Kalkskelette in den unterschiedlichsten Formen. Sie teilen sich regelmäßig und wachsen nach oben, doch ihre Skelette bleiben bestehen. Jeder Polyp beherbergt in seinem Körper einzellige grüne Algen, die mit Hilfe des Sonnenlichts aus Wasser und Kohlendioxid Nährstoffe wie Zucker bilden. Obwohl die Polypen mit ihren Fangarmen auch Kleintiere erbeuten können, leben sie doch hauptsächlich von dem, was ihnen die Algen zur Verfügung stellen. Die Algen wiederum genießen den Schutz durch deren Nesselkapseln.

Ein gutes Versteck
Der Clownfisch verbirgt sich vor seinen Feinden zwischen den nesselnden Fangarmen von Seeanemonen. Er selbst wird nicht gestochen, weil ihn eine dicke Schleimschicht schützt. Der Fisch versorgt die Seeanemone mit Nahrung. Man nennt das eine Symbiose.

Paradiesgärten
Korallenriffe wie hier auf der Insel Taveuni im Pazifik ziehen Schnorchler und Taucher an. Doch solche Riffe sind sehr empfindliche Ökosysteme und leider oft schon schwer geschädigt.

Lebensgemeinschaften
In Riffen leben mehrere Korallenarten zusammen, zum Beispiel Fächerkorallen, Hirnkorallen und Feuerkorallen. Sie bieten wiederum Nahrung und Unterschlupf für Seeanemonen, Riesenmuscheln und Doktorfische.

Wie sich Korallen vermehren
Zur Fortpflanzung geben die Korallen einfach Eier und Samenzellen ins Wasser ab. Bei einigen Arten befruchten die Samenzellen auch Eier, die im Inneren der Polypen verbleiben.

Fangarme

Magen

Polypen
Die Polypen der Korallen sind nur wenige Millimeter groß. Sie leben aber in großer Zahl zusammen und bilden Tierstöcke. In der Südsee sind die Korallenriffe häufig ringförmig und heißen Atolle. Es gibt auch fossile Korallenriffe wie die Dolomiten.

Seeanemonen
Die Seeanemonen sind mit den Korallen verwandt. Sie haben wie die Polypen Fangarme mit Nesselkapseln.

Gut getarnt

Unter Wasser geht es nicht immer friedlich zu. Es herrscht ein harter Konkurrenzkampf. Für Jäger wie Gejagte ist es von Vorteil, sich zu verstecken oder sich zu tarnen. Meerestiere sind darin Meister. Einige Fische wechseln ihre Farbe wie ein Chamäleon. Andere sehen aus wie Algen oder graben sich bis zu den Augen im Sand ein. Viele Krabben tragen eine Tarnkappe. Sie heften Algen, Schwämme oder Seescheiden auf ihre Panzer und lassen sie dort wachsen. Aus dem Gauklerfisch werden seine Feinde nicht klug. Seine richtigen Augen sind klein und liegen verborgen in einem dunklen Streifen. Dafür trägt er scheinbar ein großes Auge mitten auf dem Körper. Das verwirrt Angreifer. Sie halten ihn für größer als er ist und wissen nicht, was bei ihm vorn und hinten ist.

Gauklerfisch

Zerfetztes Kleid
In den Tangwäldern fällt der Fetzenfisch durch seine Körperanhängsel nicht auf.

Wie ein Stein
Der purpurfarbene Steinfisch täuscht einen Korallenstock vor. Am Rücken trägt er spitze Stacheln mit tödlichem Gift.

Lauern im Halbdunkel
Im Geflecht dieser Tange ist der junge Drachenkopf so gut wie nicht zu erkennen. Er lauert auf Beute, die aus Krebschen und Fischbrut besteht.

Ein Periskop
Einige Fische graben sich zum Schutz vor Feinden völlig im Sand ein. Nur ihre runden Augäpfel schauen dann aus dem Sand heraus.

Garnelen wie aus Glas
Wer sieht die Garnele auf diesem Bild? Mit Ausnahme von ein paar Flecken ist sie völlig durchsichtig. Sie lebt auf bunten Seeanemonen.

MEISTER DER TARNUNG

Plattfische und Kraken können ihre Farbe wechseln und sie dem jeweiligen Untergrund anpassen. Dazu haben sie Farbstoffzellen in der Haut. Wenn sich die Zellen zusammenziehen, erscheint die Haut hell, dehnen sie sich aus, wird die Haut dunkel. Die Tiere können dabei sogar das Farbmuster ihrer Umgebung nachahmen.

Der Hintergrund
Auf weißem Grund fällt der rot-weiße Korallenfisch sofort auf. In den Korallenstöcken ist er aber vorzüglich getarnt.

Saugfische
Die Seenadeln sind mit den Seepferdchen verwandt. In Seegraswiesen wirken sie mit ihrem langen Körper wie ein Stück Tang. Durch den schmalen Mund saugen sie Krebschen ein.

Huckepack
Der Einsiedlerkrebs kriecht in ein Schneckenhaus und setzt oft eine Seerose darauf. Sie schützt ihn mit den Nesselkapseln vor Feinden.

Antarktika
Dieser mächtige, eisbedeckte Kontinent um den Südpol gehört zu den kältesten Gebieten der Erde. Nur im Sommer steigen die Temperaturen in einigen Regionen knapp über den Gefrierpunkt. Das Südpolarmeer, das Antarktika umgibt, wimmelt jedoch von Pflanzen und Tieren. Robben, Wale und Vögel finden dort reichlich Nahrung.

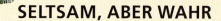

SELTSAM, ABER WAHR
Der Eisfisch lebt im Südpolarmeer. Er hat in seinem Blut keine roten Blutkörperchen, sondern eine Art Gefrierschutzmittel. Es verhindert, dass sich im Blut Eiskristalle bilden.

Ein Rekordhalter
Die Weddellrobbe hält den Tauchrekord der Robben. Sie taucht bis über 600 m tief, wo völlige Finsternis herrscht, und kann sich dort über eine Stunde aufhalten.

Kaiserpinguine
Die Kaiserpinguine führen auf Antarktika ein hartes Leben. Sie brüten mitten im Winter und trotzen den furchtbaren Stürmen. An Land watscheln sie aufrecht, abschüssige Stellen rutschen sie auf dem Bauch hinunter. Sie sind hervorragende Schwimmer und treiben sich mit den flossenförmigen Flügelstummeln vorwärts.

Eisige Meere

Das Nordpolarmeer ist fast dauernd von einer festen Eisschicht oder von Packeis bedeckt. Dort leben Eisbären und Robben wie Walrosse, Bart- und Ringelrobben. Der Nordpol liegt mitten im Nordpolarmeer. Der Südpol hingegen befindet sich auf dem siebten Kontinent der Erde, der heute Antarktika heißt. Er ist von einer kilometerdicken Eisschicht bedeckt und wird vom Meer umflossen. Im Südpolarmeer leben 16 Pinguinarten. Auch viele Robben wie Krabbenfresser, Elefantenrobben und Seeleoparden sind hier zu Hause. Der Winter ist in den Polargebieten furchtbar kalt und dunkel. Im Sommer ist es dauernd hell, weil die Sonne fast nie untergeht. Trotz der niedrigen Temperaturen leben in den Gewässern um die Pole sehr viele Tiere, weil die Meeresströmungen Nährstoffe herantransportieren. Eine sehr wichtige Nahrungsquelle für größere Fische ist der Krill, rund 2 cm lange, frei schwimmende Garnelen. Von Krill ernähren sich auch Blauwale.

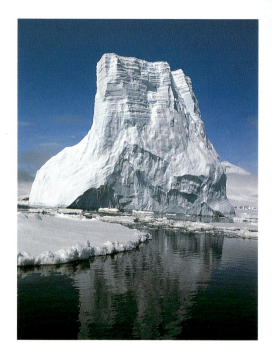

Die Spitze des Eisbergs
Im Südpolarmeer schwimmen tausende von Eisbergen, die vom Schelfeis abgebrochen sind. Bis zu neun Zehntel eines Eisbergs befinden sich unter Wasser und man weiß nicht, wie diese geformt sind. Die Eisberge bilden daher eine Gefahr für die Schifffahrt.

Papageitaucher
Dieser Vogel kann nacheinander mehrere Fische fangen und festhalten.

Angriff!
Ein hungriger Eisbär schlägt mit seinen Pranken ein Loch durch das dünne Eis, um einen kleinen Belugawal zu erbeuten. Erst seit kurzem wissen die Zoologen, dass sich Eisbären in das Blasloch von Walen verbeißen oder es mit Krallen verletzen, sodass die Wale nicht mehr atmen können und ersticken. Dann ziehen sie ihre Beute auf das Eis, um sie zu fressen.

Nordpolargebiet
Im Sommer steigen die Temperaturen in der Arktis bis über den Gefrierpunkt, vor allem an den Küsten. Auf dem Festland blühen dann die Pflanzen und die Rentiere ziehen in die nördliche Tundra.

Schnelle Verfolgung
Schwertwale schwimmen sehr schnell. Sie haben dreieckige, zugespitzte Zähne, mit denen sie große Fische und Robben zerreißen.

Nahrungsketten

Das Sonnenlicht dringt in gemäßigten Breiten bis zu 70 m, in den Tropen bis zu 100 m tief ins Wasser ein. Darunter herrscht Dämmerlicht, an das sich die totale Finsternis anschließt. In den lichtdurchfluteten Schichten leben unvorstellbare Mengen winziger grüner Pflanzen. Es sind meist einzellige Algen, die als Phytoplankton im Wasser schweben. Sie nutzen das Sonnenlicht, um aus Wasser und Kohlendioxid Zucker und Stärke herzustellen. Dieses Phytoplankton bildet den Anfang jeder Nahrungskette. Von den Algen leben Fischlarven und kleine Krebschen, die wir als Zooplankton bezeichnen. Phyto- und Zooplankton bilden die Nahrungsgrundlage für kleine Fische, die wiederum von den größeren gefressen werden. Am Ende einer Nahrungskette stehen fast immer die Räuber und schließlich der Mensch.

Phytoplankton
Das pflanzliche Plankton besteht zur Hauptsache aus einzelligen Algen. Die meisten davon leben in der obersten lichtdurchfluteten Wasserschicht.

Zooplankton
Das tierische Plankton enthält tausende kleiner Lebewesen, vor allem Larven von Fischen, Krebsen, Weichtieren und Stachelhäutern. Sie schweben mit ihren langen Körperfortsätzen im Wasser.

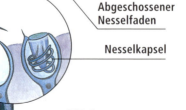

Abgeschossener Nesselfaden

Nesselkapsel

Nesselfäden
Die Portugiesische Galeere, eine große Qualle, hat Nesselkapseln auf ihren Fangarmen. Wenn ein Fisch sie berührt, springen sie auf und die Gift führenden Nesselfäden bohren sich mit ihrer Harpunenspitze in das Opfer.

Seelöwen und Seehunde
Robben bilden die wichtigste Beute für die großen Räuber des Meeres, vor allem für Zahnwale und Haie.

Kleine Fische
Mit offenem Mund voll scharfer Zähne schwimmt ein Lachs hinter einem Schwarm von Heringen her.

VERTEILUNG DES PLANKTONS

Dieses Satellitenbild der Weltmeere zeigt, dass einige Gebiete mehr pflanzliches Plankton enthalten als andere. Die Farbabstufungen reichen von Rot (am meisten Plankton) über Gelb, Grün und Blau bis hin zu Violett (am wenigsten Plankton). Graue Stellen bedeuten, dass es über das Gebiet keine Informationen gibt.

Grundnahrungsmittel
Der Krill besteht aus bis zu 2 cm langen Garnelen, die vor allem in den kalten Meeren der Südhalbkugel häufig sind. Von Krill leben Wale, Robben und Seevögel. Die Krebschen wiederum ernähren sich von pflanzlichem Plankton.

Mit Rückstoß
Der Kalmar schießt wie eine Rakete durchs Meer. Er presst das Wasser aus seiner Mantelhöhle heraus und erzeugt dadurch einen Schub nach vorn. Seine Beute packt er mit Fangarmen, an denen Saugnäpfe sitzen.

Riesenrochen
Nicht alle großen Tiere leben räuberisch und stehen am Ende einer Nahrungskette. Die Riesenmantas filtern nur Plankton aus dem Meer.

Filtrierer
Der friedfertige Hering lebt vom Plankton, das er aus dem Wasser filtert.

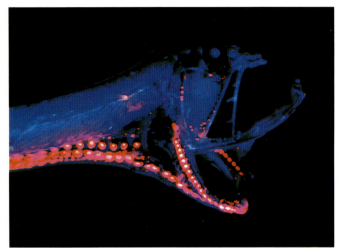

Viperfisch
Dieser eigentümliche Fisch trägt am Kiefer und längs der Bauchseite Leuchtorgane. Obwohl er nur etwa 30 cm lang wird, wirkt sein Maul mit den scharfen Zähnen gewaltig.

Ein Saphir des Meeres
Diese Assel leuchtet blau wie ein Saphir und lebt in der Dämmerungszone.

Ein Riesenmaul
Dieser Tiefseefisch kann Fische fressen, die größer und länger sind als er selbst. Er heißt deshalb auch „Schwarzer Schlinger".

Im Dämmerlicht

Wo im Meer die Dämmerungszone beginnt, hängt davon ab, wie klar das Wasser ist. In nördlichen Meeren liegt die Obergrenze bei 70 m. Tropische Meere sind klar und das Licht dringt hier bis in 100 m Tiefe vor. Zwischen 200–1000 m Tiefe geht die Dämmerung in völliges Dunkel über. In die Dämmerungszone dringt nur noch blaues Licht ein. Viele Lebewesen haben sich an dieses Halbdunkel angepasst. Der lang gestreckte Bandfisch kommt hier ebenso vor wie der eigentümliche, silbern gefleckte Gotteslachs, der auch Glanzfisch oder Heringskönig heißt. Gelegentlich tauchen riesenhafte Tintenfische neben Schwertfischen und Tunfischen auf. Viele Fische der Dämmerungszone haben Leuchtorgane. Darin leben Bakterien, die ein kaltes Licht erzeugen. Diese Erscheinung nennt man Biolumineszenz. Wahrscheinlich wollen die Fische mit ihren Leuchtorganen andere Fische anlocken – seien es Geschlechtspartner oder Beutetiere.

SCHON GEWUSST?
Einige Fische und Garnelen setzen die Biolumineszenz zur Tarnung ein. Ihre Leuchtorgane liegen am Bauch. Beim Blick von unten nach oben wird ihre Gestalt dadurch so aufgelöst, dass Angreifer getäuscht werden und den Umriss ihrer Beute nicht genau erkennen können.

Mondfisch
Dieser eigentümliche Fisch lebt in tieferen Wasserschichten und kann bis zu 3 m lang werden.

Spanfisch
Die Indianer nannten den 3 m langen und nur 3 cm dicken Fisch „Lachskönig". Sie glaubten nämlich, er geleite den Lachs aus dem Pazifik in seine Heimatgewässer, wo er ablaicht.

Anglerfisch
Das Weibchen des Anglerfisches hat eine Lampe als Köder vorn am Maul. Das Organ enthält leuchtende Bakterien und lockt Beute an. So muss der Anglerfisch nicht aktiv auf Nahrungssuche gehen.

Laternenfisch
In der Tiefsee bewegen sich große Schwärme von Laternenfischen. Sie haben Leuchtorgane am Kopf und vor allem an der Körperunterseite.

Kettensalpen
Salpen sind kleine durchscheinende Tiere der Dämmerungszone, die lange Ketten bilden.

Laternenträger
Das Licht des 25 cm langen Anomalops ist in der Tiefe noch auf 30 m Entfernung zu sehen.

Tintenfisch
In der Tiefsee leben zahlreiche Tintenfischarten. Sie schwimmen mit Rückstoß, indem sie Wasser aus ihrer Mantelhöhle pressen.

Viperfisch
Dieser Fisch stößt wie eine Schlange auf die Beute zu und packt sie mit scharfen Zähnen.

Beilbauch
Der eigentümliche Fisch trägt Leuchtorgane am Bauch. Er verwirrt damit Räuber, die unter ihm schwimmen. Mit seinen weit hervortretenden Teleskopaugen nimmt er den geringsten Lichtschein wahr.

Schwarzer Drachenfisch
Auch dieser Tiefseefisch hat viele Leuchtorgane in der Haut.

LICHT IM DUNKELN

Der Fisch Anomalops lebt in Höhlen am Grund von Korallenriffen. Unter dem Auge hat er große bohnenförmige Leuchtorgane, in denen Bakterien leben. Wer in der Tiefsee das benötigte Licht selbst erzeugt, zieht Räuber an. Dieser Fisch kann sein Leuchtorgan aber mit einem schwarzen Deckel verdunkeln oder mit Hilfe von Muskeln wegdrehen. Manche Arten lassen beim Schwimmen das Licht dauernd aufblinken. Deswegen heißen sie auch „Blitzlichtfische".

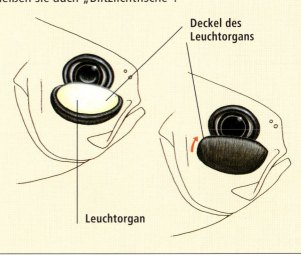

Deckel des Leuchtorgans

Leuchtorgan

Schwimmer in der Tiefsee

Die Tiefsee ist einer der merkwürdigsten Lebensräume der Erde, denn hier herrscht völlige Finsternis. Das Wasser ist eiskalt. Es gibt keine Temperaturunterschiede, keine Wellen und Strömungen, nichts, woran man sich orientieren könnte. Auch Pflanzen können in der Tiefe nicht mehr gedeihen. Und doch halten sich hier noch Tiere auf. Die meisten sind bleich, denn im Dunkel brauchen sie keine Tarnfarbe. Die Fische haben entweder winzige oder gar keine Augen. Dafür besitzen sie meist Leuchtorgane. Ihre Beute nehmen sie mit langen, fadenförmigen Tastorganen und dem Seitenliniensystem wahr. Da die Raubfische in der Tiefsee nur äußerst selten auf ein Beutetier treffen, dürfen sie eine solche Gelegenheit nicht vorübergehen lassen. Selbst kleinste Fische haben riesenhafte Mäuler voller Zähne.

Der Schlingeraal
An diesem Fisch fallen die übergroßen Kiefer mit den vielen Zähnen auf. Mit seinen winzigen Augen hat er einen Beilbauch erspäht, den er gerade verschluckt. An seinem fadendünn auslaufenden Schwanz trägt er eine Laterne.

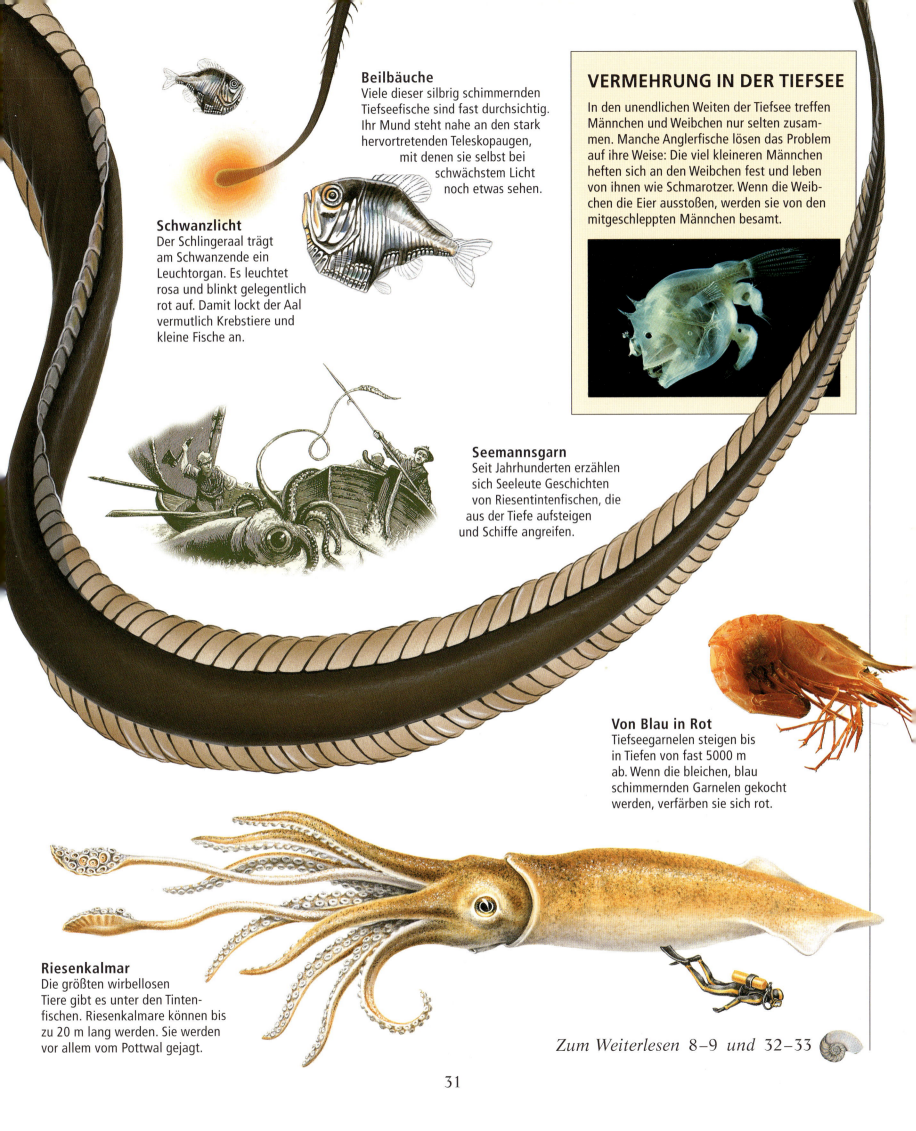

Beilbäuche
Viele dieser silbrig schimmernden Tiefseefische sind fast durchsichtig. Ihr Mund steht nahe an den stark hervortretenden Teleskopaugen, mit denen sie selbst bei schwächstem Licht noch etwas sehen.

Schwanzlicht
Der Schlingeraal trägt am Schwanzende ein Leuchtorgan. Es leuchtet rosa und blinkt gelegentlich rot auf. Damit lockt der Aal vermutlich Krebstiere und kleine Fische an.

VERMEHRUNG IN DER TIEFSEE

In den unendlichen Weiten der Tiefsee treffen Männchen und Weibchen nur selten zusammen. Manche Anglerfische lösen das Problem auf ihre Weise: Die viel kleineren Männchen heften sich an den Weibchen fest und leben von ihnen wie Schmarotzer. Wenn die Weibchen die Eier ausstoßen, werden sie von den mitgeschleppten Männchen besamt.

Seemannsgarn
Seit Jahrhunderten erzählen sich Seeleute Geschichten von Riesentintenfischen, die aus der Tiefe aufsteigen und Schiffe angreifen.

Von Blau in Rot
Tiefseegarnelen steigen bis in Tiefen von fast 5000 m ab. Wenn die bleichen, blau schimmernden Garnelen gekocht werden, verfärben sie sich rot.

Riesenkalmar
Die größten wirbellosen Tiere gibt es unter den Tintenfischen. Riesenkalmare können bis zu 20 m lang werden. Sie werden vor allem vom Pottwal gejagt.

Zum Weiterlesen 8–9 und 32–33

Bodenbewohner

Auf dem Meeresboden ist es schon in wenigen hundert Metern Tiefe kalt, dunkel und still. Die Temperatur liegt knapp über dem Gefrierpunkt. Licht gibt es nicht. Da grüne Pflanzen ohne Sonnenlicht nicht gedeihen, ist nur wenig Nahrung vorhanden. Dafür rieseln wie bei einem Schneegestöber dauernd feinste Teilchen von toten Tieren und Pflanzen aus den oberen Wasserschichten auf den Grund. Viele Tiere filtern diese Nahrung aus oder saugen sie vom Meeresboden auf. Nahe am mittelozeanischen Rücken im Bereich heißer Quellen übernehmen Bakterien die Aufgabe von Nahrungsproduzenten. Sie stellen Stärke und Zucker durch chemische Reaktionen her. Viele Bodenbewohner der Tiefsee sind blind und bleich. In der Kälte bewegen sie sich nur langsam. Weil das Wasser sie trägt und keine Wellen mehr vorhanden sind, brauchen sie kein kräftiges Innen- oder Außenskelett.

Forschung im Dunkel
Das amerikanische Tauchboot *Alvin* kann zwei Forscher aufnehmen und 4000 m tief tauchen.

Aalmutter
Die lang gestreckten Fische leben an Heißwasserquellen am Meeresboden. Sie fressen Röhrenwürmer.

Tiefseemuscheln
Die bleichen Tiefseemuscheln ernähren sich von den Bakterien der heißen Quellen.

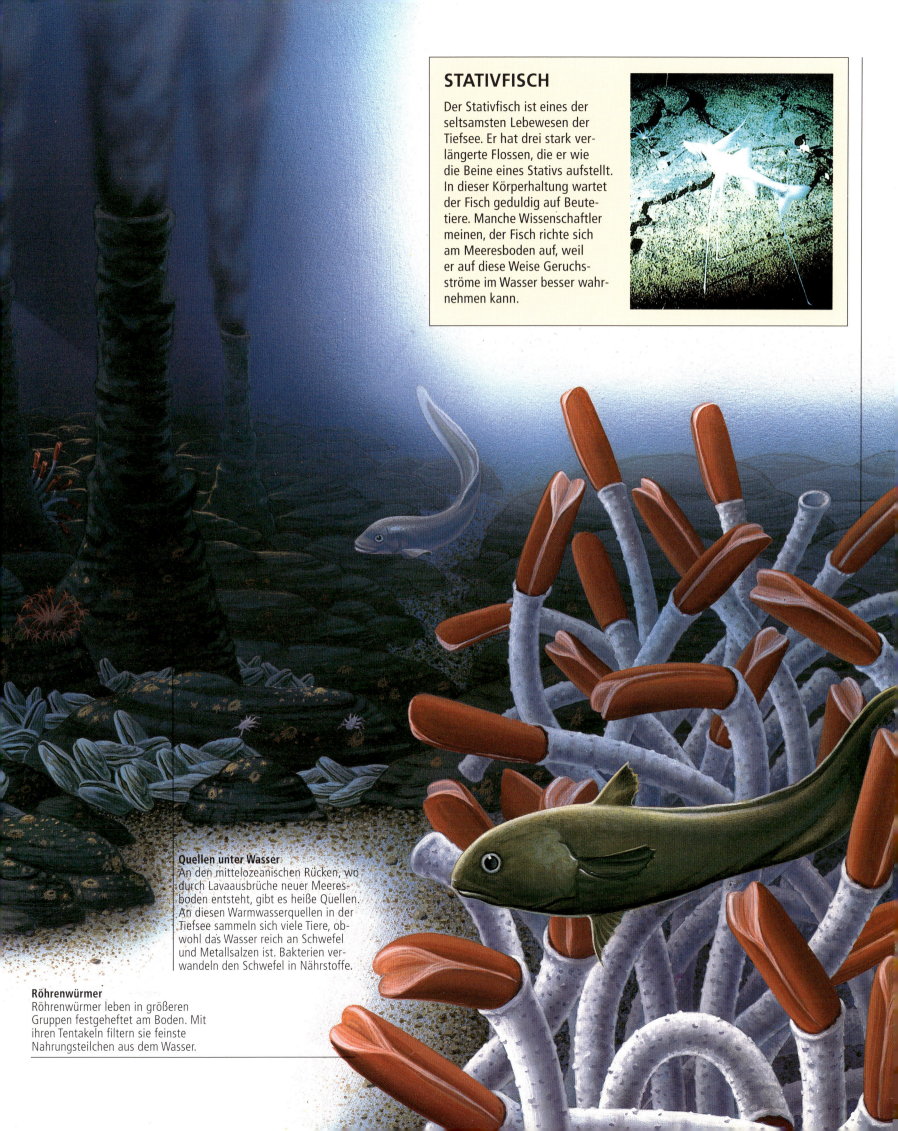

STATIVFISCH

Der Stativfisch ist eines der seltsamsten Lebewesen der Tiefsee. Er hat drei stark verlängerte Flossen, die er wie die Beine eines Stativs aufstellt. In dieser Körperhaltung wartet der Fisch geduldig auf Beutetiere. Manche Wissenschaftler meinen, der Fisch richte sich am Meeresboden auf, weil er auf diese Weise Geruchsströme im Wasser besser wahrnehmen kann.

Quellen unter Wasser
An den mittelozeanischen Rücken, wo durch Lavaausbrüche neuer Meeresboden entsteht, gibt es heiße Quellen. An diesen Warmwasserquellen in der Tiefsee sammeln sich viele Tiere, obwohl das Wasser reich an Schwefel und Metallsalzen ist. Bakterien verwandeln den Schwefel in Nährstoffe.

Röhrenwürmer
Röhrenwürmer leben in größeren Gruppen festgeheftet am Boden. Mit ihren Tentakeln filtern sie feinste Nahrungsteilchen aus dem Wasser.

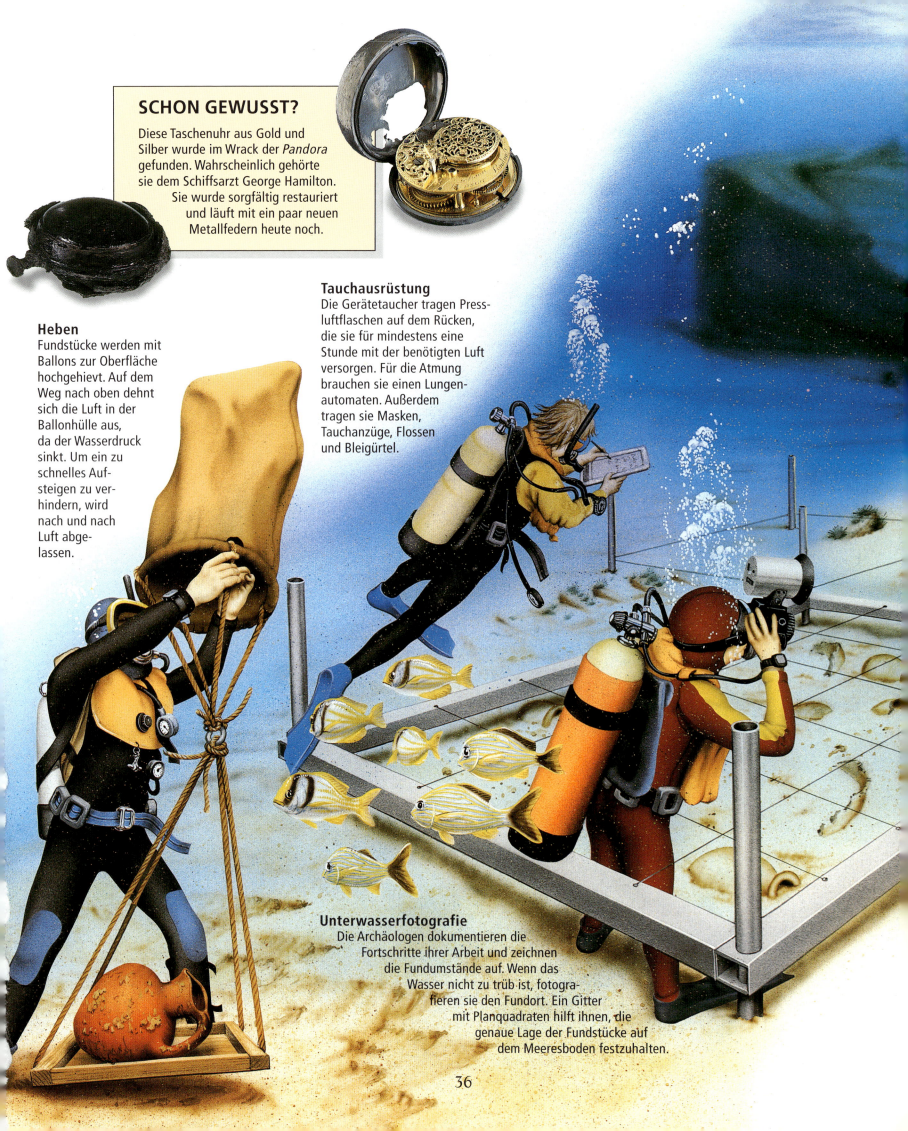

SCHON GEWUSST?
Diese Taschenuhr aus Gold und Silber wurde im Wrack der *Pandora* gefunden. Wahrscheinlich gehörte sie dem Schiffsarzt George Hamilton. Sie wurde sorgfältig restauriert und läuft mit ein paar neuen Metallfedern heute noch.

Tauchausrüstung
Die Gerätetaucher tragen Pressluftflaschen auf dem Rücken, die sie für mindestens eine Stunde mit der benötigten Luft versorgen. Für die Atmung brauchen sie einen Lungenautomaten. Außerdem tragen sie Masken, Tauchanzüge, Flossen und Bleigürtel.

Heben
Fundstücke werden mit Ballons zur Oberfläche hochgehievt. Auf dem Weg nach oben dehnt sich die Luft in der Ballonhülle aus, da der Wasserdruck sinkt. Um ein zu schnelles Aufsteigen zu verhindern, wird nach und nach Luft abgelassen.

Unterwasserfotografie
Die Archäologen dokumentieren die Fortschritte ihrer Arbeit und zeichnen die Fundumstände auf. Wenn das Wasser nicht zu trüb ist, fotografieren sie den Fundort. Ein Gitter mit Planquadraten hilft ihnen, die genaue Lage der Fundstücke auf dem Meeresboden festzuhalten.

Wracks und Schätze

Auf dem Meeresboden liegen viele Wracks. Sie sind stille Zeugen einer vergangenen Zeit. Die Hauptgründe für die Schiffsuntergänge waren tobende Stürme, geringe Kenntnisse der Navigation, schlechte Seekarten und Unglücksfälle wie Feuer an Bord. Die Wracks bieten heute oft Unterschlupf für Fische und andere Meerestiere. Gerätetaucher suchen in den Schiffsresten nach etwas Wertvollem. Nicht selten finden sie Keramiken, Münzen, Flaschen und anderes Material, das den Archäologen Hinweise auf die Lebensweise vergangener Zeiten gibt. Für die Untersuchung von Schiffswracks wurde ein eigenes Fachgebiet entwickelt, die Unterwasserarchäologie. Eines der faszinierendsten Wracks ist der Luxusdampfer *Titanic*. Er liegt in einer Tiefe von 4000 m und kann nur mit einem Tauchboot besucht werden. Die *Titanic* rammte auf ihrer Jungfernfahrt im Jahr 1912 einen Eisberg und ging unter. Etwa 1500 Menschen ertranken in den Fluten.

Römerfund
Ein Gerätetaucher untersucht sorgfältig ein verkrustetes römisches Vorratsgefäß auf dem Boden des Mittelmeers. Kraken halten sich gern in leeren Amphoren auf, die auf dem Meeresboden liegen.

Donnerbüchse
Diese kurze Muskete wurde mit den Bleikugeln aus der *Pandora* geborgen. Sie sank 1791 vor der Küste Norwegens.

Die ersten Reisen

Im Jahr 1872 verließ die *Challenger* England und machte sich auf eine vierjährige Forschungsreise durch alle Meere dieser Welt. Die Wissenschaftler an Bord wollten umfassende Informationen über die Ozeane sammeln und Antworten finden auf Fragen wie „Ist das Meerwasser überall gleich salzig?" oder „Wie tief sind die Ozeane?". Die Reise dieses Schiffes stellt den Beginn der Ozeanografie dar. Die Forscher fingen Tiere des Meeresbodens mit Dredschen (Schleppnetze), schöpften Plankton mit feinsten Netzen und nahmen Bodenproben aus allen Ozeanen. Dabei entdeckten sie tausende neuer Pflanzen und Tiere, darunter besonders seltsame Tiefseeformen. Sie maßen die Wassertemperatur in großen Tiefen und zeichneten die Meeresströmungen auf. Über 20 Jahre lang bearbeiteten sie anschließend die Daten und Funde ihrer Reise, die sie in 50 Bänden veröffentlichten. Damit begann die wissenschaftliche Erforschung der Ozeane.

Blick ins Innere
Die *Challenger* verfügte über Speziallabors, in denen die Wissenschaftler die Tiere und Pflanzen, die sie erbeutet hatten, konservieren und studieren konnten.

Wassertemperatur
Dieses Minimum-Maximum-Thermometer ließen die Forscher der *Challenger* auf den Meeresboden hinunter. Sie registrierten damit die niedrigsten und höchsten Temperaturen am Meeresgrund.

Die Reise
Zuerst segelte die *Challenger* zu den abgelegenen Kerguelen-Inseln im südlichen Indischen Ozean. Dann kehrten sie über den Pazifik und die Magellanstraße an der Spitze Südamerikas nach England zurück.

Die Mannschaft
Leiter der *Challenger*-Expedition war Professor Wyville Thomson. Als Assistent stand ihm der junge Geologe John Murray zur Seite. Der Kapitän G. Nares führte das Schiff durch viele gefährliche Fahrwasser.

AUF DEM MEERESBODEN
Die *Challenger* verwendete Dredschen, um Pflanzen und Tiere vom Meeresboden zu sammeln. Während der Fahrt zogen die Schiffe die Dredschen hinter sich her. Mit Gewichten wurden sie auf den verschiedenen Tiefen gehalten. Dieses Verfahren wird heute noch angewendet.

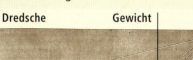

Fremde Welten
Die Forscher der *Challenger*-Expedition fertigten von allen Tieren, denen sie begegneten, Skizzen und Zeichnungen an.

Forschungsberichte
Die Zeichnungen rechts sind den Forschungsberichten über die *Challenger*-Reise entnommen und zeigen Quallen sowie Schlangensterne in allen Einzelheiten.

39

Zerfall
...iff zerfällt im
...t brechen die
... In den darauf
... das Oberdeck
...ch die Außen-
... ist der Rumpf
...t. Dann kann
... weitergehen.

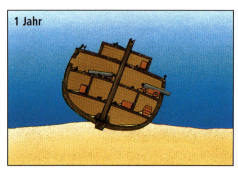
1 Jahr

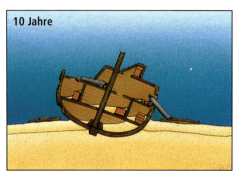
10 Jahre

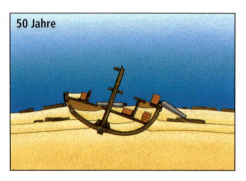
50 Jahre

80 Jahre

GESCHICHTE DES TAUCHENS

Seit über 2000 Jahren erforschen die Menschen die Welt unter Wasser. Bereits die alten Griechen tauchten nach Schiffswracks und Badeschwämmen. Die moderne Taucherglocke wurde 1721 entwickelt. Sie erlaubte es, länger unter Wasser zu bleiben. Mitte des 19. Jahrhunderts trugen die Taucher schwere Anzüge mit Kupferhelmen und wurden vom Schiff aus mit Luft versorgt. Um 1945 entwickelten Jacques Cousteau und Emile Gagnan die ersten Tauchgeräte mit Pressluftflaschen. Heute kann man damit bis zu 50 m tief tauchen.

Tauchabenteuer
Edmund Halley baute die erste Taucherglocke und fand viele Nachahmer. Das Gerät wurde von einem Schiff abgelassen. Die Taucher atmeten die Luft, die in der wasserdichten Glocke enthalten war.

Helmtaucher
Dieser Tauchanzug mit einem Helm ganz aus Metall wurde Anfang des 20. Jahrhunderts entwickelt. Um in der Senkrechten zu bleiben, musste der Taucher Bleischuhe anziehen. Die benötigte Frischluft wurde vom Begleitschiff über Schläuche in den Helm gepumpt.

Erste Tauchgeräte
Dieses Tauchgerät aus den 50er-Jahren ähnelt stark dem Modell, das Jacques Cousteau und Emile Gagnan entwickelten. Es wurde auf den Rücken geschnallt. Der Lungenautomat sorgte für den richtigen Druck der Atemluft.

Zum Weiterlesen 40–41

Ein untergegangenes S[c...]
Lauf der Jahre. Zunäch[...]
Masten mit dem Takelwerk[...]
folgenden 10 Jahren stürzt[...]
ein. Nach 50 Jahren löst s[...]
wand auf, nach 80 Jahren[...]
völlig mit Sedimenten bedec[...]
der Zerfall nicht meh[r...]

Riesenstaubsauger
Mit riesigen Saugröhren entfernen die Unterwasserarchäologen lockere Sedimentschichten vom Meeresboden.

Planquadrate
Aluminiumrahmen grenzen Quadrate auf dem Meeresboden ab. Die Archäologen tragen Schicht für Schicht darin ab und dokumentieren die Grabungsfortschritte. Der Archäologie geht es heute nicht mehr um Schätze oder Kunstwerke, sondern sie will aus ihren Funden die Lebensweise früherer Völker möglichst genau kennen lernen.

Tauchboote

Blick ins Innere
Das Cockpit der *Alvin* sieht genauso kompliziert aus wie das eines Jumbojets oder Raumschiffs. Die Mitglieder der Crew stehen über Mikrofone in Funkverbindung mit dem Mutterschiff.

Der Meeresboden liegt in einer durchschnittlichen Tiefe von 3700 m. Ein guter Gerätetaucher kommt auf 50 m Tiefe. Die tiefsten Stellen der Ozeane liegen aber in 11000 m. Solche Tiefen kann man nur in Tauchbooten erreichen. Das sind kleine bemannte oder unbemannte Unterseeboote, die von einem Mutterschiff ins Wasser gelassen werden. Das amerikanische Tauchboot *Alvin* und die französische *Nautile* erforschten zum Beispiel das Wrack der *Titanic*. Die Crew der *Alvin* verwendete dabei ein noch kleineres Tauchboot, *Jason Junior*, um tiefer in das Wrack einzudringen. Für die Forschung wurden auch große Unterwasserlabors eingerichtet. 1968 ließ man vor Florida das Hydrolab ins Wasser. 18 Jahre lang beobachteten dort Wissenschaftler das Verhalten von Hummern, Schnappern, Zackenbarschen und vielen anderen Tierarten in den Korallenriffen.

ENTDECKUNGEN AUF DEM MEERESBODEN

Im Jahr 1912 rammte der Luxusdampfer *Titanic* einen Eisberg im Nordatlantik und sank. Über 1500 Menschen kamen damals ums Leben, 703 wurden gerettet. 74 Jahre später sahen Millionen von Zuschauern im Fernsehen, wie die Tauchboote *Alvin* und *Jason Junior* dieses Wrack erforschten.

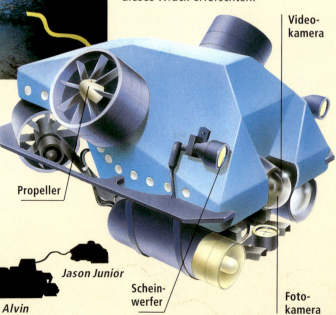

Blick in die Vergangenheit
Dieses Bild von einem der Innenräume der *Titanic* nahm das Robotertauchboot *Jason Junior* auf.

Fernerkundung
Mit fernbedienten Kameras, wie sie das Tauchboot *Jason Junior* (rechts) aufweist, können wir Tiere in Tiefen von über 4000 m beobachten.

Alvin — *Jason Junior* — Propeller — Scheinwerfer — Videokamera — Fotokamera

Vorstoß in unbekannte Tiefen
Noch wissen wir über die Tiefen der Meere nahezu nichts. Panzertauchern, Helmtauchern und Freitauchern mit Pressluftflaschen gelang es zwar, die Grenze nach unten immer weiter auszudehnen. Die eigentliche Tiefsee aber blieb dem Menschen lange Zeit verschlossen. Erst mit modernen Tauchbooten können Wissenschaftler Forschungen auf dem Meeresboden anstellen und dort Tiere beobachten.

TAUCHGERÄTE UND TAUCHTIEFEN

Aqualunge
1943
50 m

Cousteaus tauchende Untertasse
1959
410 m

Panzertaucher
1971
610 m

NR-1
1969
700 m

Bathysphäre
1934
925 m

DSRV-1
1965
1525 m

Cyana
1959
2990 m

Alvin
1964
4500 m

Trieste
1953
10 920 m

Archimède
1962
10 980 m

Ein Labor auf dem Ozean
Die 83 m lange *Thomas G. Thompson* ist das zweitgrößte Forschungsschiff des Woods-Hole-Instituts, eines der bedeutendsten ozeanografischen Institute der Welt. Die Besatzung dieses Schiffes besteht aus 20 Mann. Dazu kommen abwechselnd bis zu 30 Wissenschaftler und Techniker, die Forschungsaufgaben ausführen.

Seemannsknoten
Die Seeleute erfanden für Leinen und Taue spezielle Knoten, die auch heute noch verwendet werden.

Mast
Am Mast befinden sich Windmesser, Scheinwerfer und Empfänger für Navigations- und Radaranlagen.

Wasserproben
Hier werden Wasserproben vorbereitet und analysiert.

Labor auf See

Hauptlabor
Rund um die Uhr werten hier Forscher ihre Funde aus und sammeln Daten.

Die Meere bedecken fast drei Viertel der Erdoberfläche. Doch trotz dieser ungeheuren Ausdehnung wissen wir über die Ozeane erstaunlich wenig. Viele westliche Länder unterhalten heute Forschungsschiffe, die mit wechselndem wissenschaftlichem Personal dauernd auf Fahrt sind. Mit ausgeklügelten Apparaturen untersuchen die Forscher etwa Tiefenströme und den Aufbau des Meeresbodens. Sie studieren, wie die Ozeane Wetter und Klima beeinflussen. Von Bedeutung sind auch die Eingriffe des Menschen: Wie wirken sich Abfälle und Schadstoffe im Meer aus? Wie viele Fische dürfen wir fangen, ohne die Bestände zu gefährden? Welche Rolle spielen die Meere beim Treibhauseffekt? Die Forschungsschiffe sind mit modernster Elektronik ausgerüstet, haben aber auch Dredschen, Fanggeräte und Netze für Fische und Plankton sowie Aquarien für lebende Tiere an Bord.

Wasserschöpfer
Die Wissenschaftler bereiten ein System von Wasserschöpfern vor, das bis auf den Grund des Meeres gesandt werden soll. Hinterher werden die Proben im Labor untersucht.

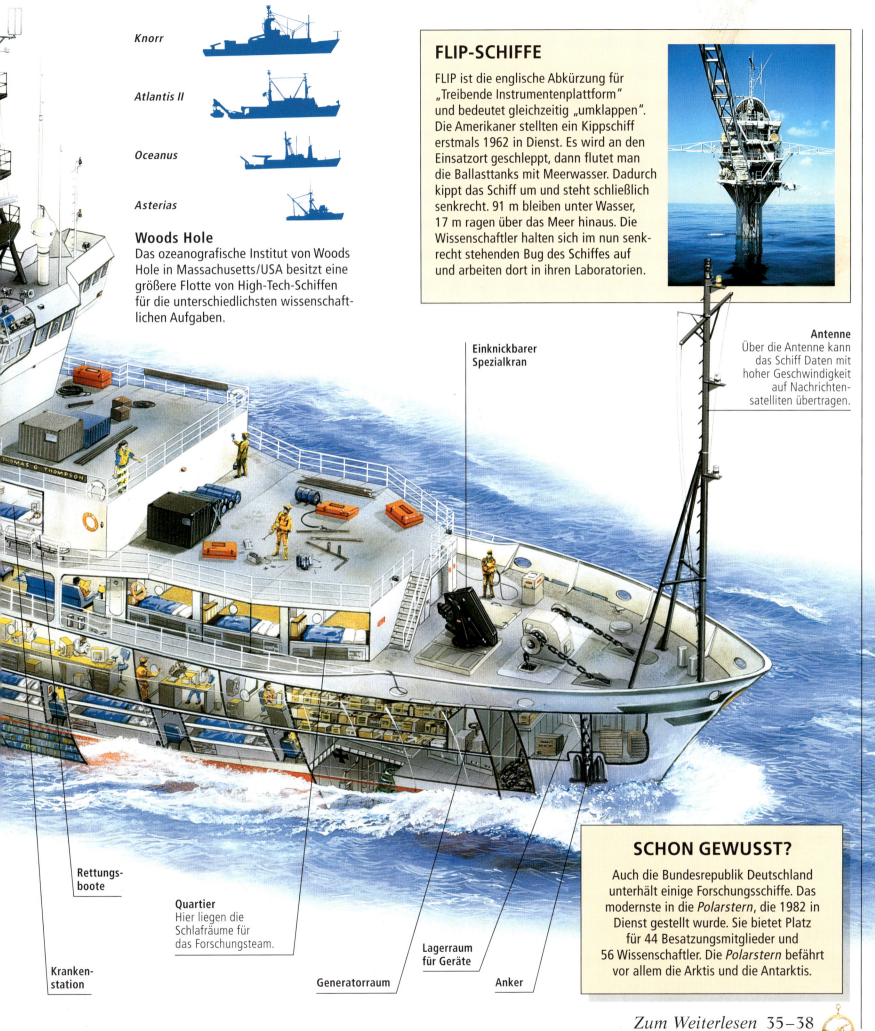

Knorr

Atlantis II

Oceanus

Asterias

Woods Hole
Das ozeanografische Institut von Woods Hole in Massachusetts/USA besitzt eine größere Flotte von High-Tech-Schiffen für die unterschiedlichsten wissenschaftlichen Aufgaben.

FLIP-SCHIFFE

FLIP ist die englische Abkürzung für „Treibende Instrumentenplattform" und bedeutet gleichzeitig „umklappen". Die Amerikaner stellten ein Kippschiff erstmals 1962 in Dienst. Es wird an den Einsatzort geschleppt, dann flutet man die Ballasttanks mit Meerwasser. Dadurch kippt das Schiff um und steht schließlich senkrecht. 91 m bleiben unter Wasser, 17 m ragen über das Meer hinaus. Die Wissenschaftler halten sich im nun senkrecht stehenden Bug des Schiffes auf und arbeiten dort in ihren Laboratorien.

Einknickbarer Spezialkran

Antenne
Über die Antenne kann das Schiff Daten mit hoher Geschwindigkeit auf Nachrichtensatelliten übertragen.

Rettungsboote

Quartier
Hier liegen die Schlafräume für das Forschungsteam.

Krankenstation

Generatorraum

Lagerraum für Geräte

Anker

SCHON GEWUSST?

Auch die Bundesrepublik Deutschland unterhält einige Forschungsschiffe. Das modernste in die *Polarstern*, die 1982 in Dienst gestellt wurde. Sie bietet Platz für 44 Besatzungsmitglieder und 56 Wissenschaftler. Die *Polarstern* befährt vor allem die Arktis und die Antarktis.

Zum Weiterlesen 35–38

Seemannsgarn

Alle seefahrenden Völker kennen Geschichten von unheimlichen Geschehnissen auf dem weiten Ozean. Die alten Griechen erzählten sich von den Sirenen, Mischgestalten aus Mensch und Vogel. Diese lockten mit ihrem betörenden Gesang vorbeifahrende Seeleute auf Klippen. Der griechische Held Odysseus verstopfte seinen Seeleuten die Ohren mit Wachs, damit sie die Gesänge nicht hören konnten. Er hingegen wollte sich diesen Genuss nicht entgehen lassen und ließ sich am Mast festbinden. Auch die Seefahrer und Forschungsreisenden, die noch unbekannte Länder entdecken wollten, mussten jeden Tag neue Gefahren bestehen. Sie trotzten Stürmen, Eisbergen und undurchdringlichem Nebel, verborgenen Untiefen und tückischen Riffen. Nach jeder Reise erzählten sie von Begegnungen mit Monstern, Meerjungfrauen, Wassermännern und anderen Gestalten des Meeres. In jedem Hafen wurden die jüngsten Berichte und Gerüchte ausgetauscht. Dabei wurde mächtig übertrieben.

Seemonster
Gibt es wirklich Meeresungeheuer? Oder handelt es sich nur um übertreibende Beschreibungen von riesigen Meerestieren, etwa von Sägefischen, Narwalen oder Buckelwalen? Ein Riesenkrake wie hier auf dem Bild soll zum Beispiel vor den Küsten Norwegens auftauchen und immer wieder Schiffe und Boote ins kalte Grab reißen.

Meerjungfrauen
Viele Völker erzählen sich Geschichten von Meerjungfrauen mit langem Haar und Muscheln darin. Sie locken die Männer ins Meer und ertränken sie dann in den Fluten.

Meeresgott
Der Gott der Meere hieß bei den Griechen Poseidon, bei den Römern Neptun. Als Wahrzeichen hatte er einen Dreizack.

DAS MONSTER VON LOCH NESS
Nicht nur das Meer birgt Geheimnisse. Loch Ness, ein fast 300 m tiefer See in Nordschottland, ist ein merkwürdiger, einsamer und oft nebliger Ort. In den letzten 50 Jahren haben Besucher wiederholt behauptet, sie hätten dort ein Riesentier gesehen und fotografiert, das geräuschlos auftauchte und auf geheimnisvolle Weise wieder verschwand. Es sah aus wie ein Wal oder eine Riesenschlange. Einen Sommer lang suchten Wissenschaftler den See ab – doch vergeblich. Nessie ist also immer noch zu entdecken.

Nur ein Foto
Diese Fotografie soll ein für alle Mal beweisen, dass das Ungeheuer von Loch Ness existiert. Handelt es sich bei dem dunklen Schatten wirklich um ein Tier, etwa einen Wal oder gar einen Saurier aus der Urzeit?

NESSIE GESICHTET!

Gespenstische Wache
Immer wieder sehen Seeleute auf Wache ein voll getakeltes Segelschiff still vorbeiziehen. Es ist der *Fliegende Holländer*.

Ungelöste Rätsel

Ein schon jahrtausendealtes Geheimnis umgibt den legendären Kontinent Atlantis. Der griechische Philosoph Platon schrieb, Atlantis sei im Atlantischen Ozean versunken. Doch existierte dieses Land wirklich? Viele Archäologen glauben, Atlantis sei die griechische Insel Thera gewesen und bei einer Vulkanexplosion in die Luft geflogen. Ein besonders geheimnisumwittertes Gebiet ist heute das Bermudadreieck, das zwischen den Bermudainseln, Florida und Puerto Rico liegt. In dieser Meeresregion sind schon viele Schiffe und Flugzeuge spurlos verschwunden. Niemand konnte das bisher erklären und auch ihre Wracks sind nie wieder aufgetaucht. Wahrscheinlich führten gewaltige Stürme, mächtige Strömungen und hohe Sturzseen zu ihrem schnellen Untergang. Was aber geschah mit der *Mary Celeste* und ihrer Besatzung? Dieses amerikanische Schiff wurde im Jahr 1872 in seetüchtigem Zustand mitten im Atlantik treibend gefunden. Es war keine Menschenseele an Bord und es gab nur wenige Hinweise darauf, dass die Seeleute das Schiff aufgegeben haben könnten.

Einsame Fahrt
Als die *Mary Celeste* verlassen aufgefunden wurde, fehlten das Rettungsboot und Instrumente für die Navigation. Hatte der Kapitän der Besatzung befohlen, das Schiff zu verlassen, und war er selbst mit seiner Frau und seiner zweijährigen Tochter in das Boot gestiegen?

SELTSAM, ABER WAHR

Segelte die *Mary Celeste* allein weiter? Der letzte Logbucheintrag war neun Tage alt und wurde in der Nähe der Azoren gemacht, 1130 km vom Fundort entfernt.

Die letzte Mission von Flug 19
Am 5. Dezember 1945 waren in Florida fünf Torpedobomber zu einem Trainingsflug aufgestiegen. Über dem Bermudadreieck bekamen sie offenbar Schwierigkeiten. Beim letzten Funkkontakt mit der Basis sagten die Piloten, sie hätten die Orientierung verloren und müssten wassern. Fünf Tage lang suchten Rettungsmannschaften das Meeresgebiet ab. Sie fanden keine Spur der vermissten Flugzeuge und ihrer Besatzungen.

DAS VERSCHWUNDENE KÖNIGREICH

Platon

Der griechische Philosoph Platon behauptete vor über 2000 Jahren, im Atlantik hätte es einst auf einer großen Insel das Königreich Atlantis gegeben. Die Menschen hätten dort in prächtigen Gebäuden gelebt und die Tempel seien voller Gold, Silber, Kupfer und Elfenbein gewesen. Doch dann wurden die Bewohner von Atlantis, so schrieb Platon, habgierig und unehrlich. Deshalb beschlossen die Götter, sie zu bestrafen. Einen Tag und eine Nacht lang erschütterten heftige Eruptionen die Insel, sodass sie für alle Zeiten im Meer versank. Die Frage nach der historischen Realität und der Lage von Atlantis ist noch heute nicht geklärt.

Das sagenhafte Atlantis
Noch im 17. Jahrhundert zeigte eine Karte Atlantis als riesige Insel zwischen Amerika und den Säulen des Herkules. Dies war seit der Antike die Bezeichnung für die Meerenge von Gibraltar.

Wundersame Wanderzüge

Babyschildkröten
Sofort nachdem sie am Sandstrand aus dem Ei geschlüpft sind, wandern die jungen Schildkröten zum Meer. Aber dort warten schon Räuber wie Haie auf sie. Die meisten werden gefressen.

Viele Tiere unternehmen jedes Jahr lange Wanderungen. Sie ziehen in wärmere Gebiete, um dort zu überwintern. Oder sie suchen ruhige Plätze auf, um sich fortzupflanzen und ihre Jungen aufzuziehen. Solche Wanderungen können über tausende von Kilometern führen. Die Küstenseeschwalbe hält dabei den Rekord. Jedes Jahr fliegt sie vom Nordpolargebiet in die Antarktis und zurück – insgesamt rund 30 000 km. Die Wale paaren sich in warmen Gewässern und bringen dort auch ihre Jungen zur Welt. Doch sie ziehen auch gern in die kalten Meere, weil es dort riesige Krillmengen zu fressen gibt. Meeresschildkröten schwimmen quer durch die Meere, um auf winzigen Inseln ihre Eier am Strand abzulegen. Wie aber finden die Schildkröten die Brutplätze, an denen sie Jahre zuvor selbst auf die Welt gekommen sind? Diese und viele andere Fragen über die Wanderungen von Tieren sind bis heute unbeantwortet.

LEBENSLAUF DER LACHSE

Der atlantische Lachs legt seine Eier in Flüssen und Bächen des Festlandes ab. Der Junglachs schlüpft am Ende des Winters und bleibt ungefähr zwei Jahre lang in seinem Heimatfluss. Dann wandert er als Blanklachs ins Meer. Dort sucht er Gebiete auf, wo er unter Sprotten, Heringen und Garnelen reichlich Beute machen kann. Die Futtergründe sind oft tausende von Kilometern vom Heimatfluss entfernt. Spätestens nach fünf Jahren kehrt der Lachs in das Gewässer zurück, in dem er selbst geschlüpft ist. Diese Reise kann Monate dauern. Nach der Eiablage sterben viele Lachse an Entkräftung.

Lachseier
Die Lachse verbergen ihre großen Eier im Flusskies. Dort sind sie vor Räubern geschützt. Die Junglachse haben noch einen Dottersack, von dem sie wochenlang zehren.

Wanderung flussaufwärts
Die Lachse überwinden auf ihrer Reise zurück in die Heimatgewässer meterhohe Barrieren, sogar Stauwehre überspringen sie.

Der Weg ins Süßwasser
Die Larven der europäischen Aale schlüpfen in der Sargassosee im Norden der Karibik. Die Tiere sind zunächst flach und heißen deshalb auch Weidenblattlarven. Mit dem Golfstrom lassen sie sich zwei bis drei Jahre lang zu den Mündungen ihrer Heimatgewässer an der europäischen Küste treiben. Dort verwandeln sie sich in durchsichtige Glasaale (Bild) und beginnen mit dem Aufstieg in die Flüsse. Das eigentliche Wachstum erfolgt erst im Süßwasser. Zur Fortpflanzung ziehen die Aale wieder in die Sargassosee.

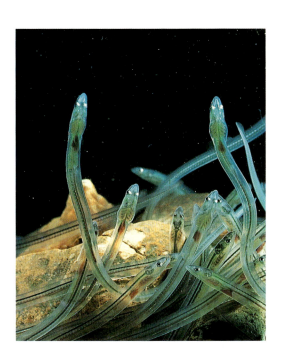

Der Marsch der Langusten
Im Herbst sammeln sich die Langusten im Meer für ihre lange Wanderung. Dabei bewegen sie sich im Gänsemarsch. Jedes Tier hält Fühlung mit dem Vordermann. Wenn die Gruppe einem Feind begegnet, bilden die Langusten einen Verteidigungsring und strecken drohend ihre stacheligen Fühler aus.

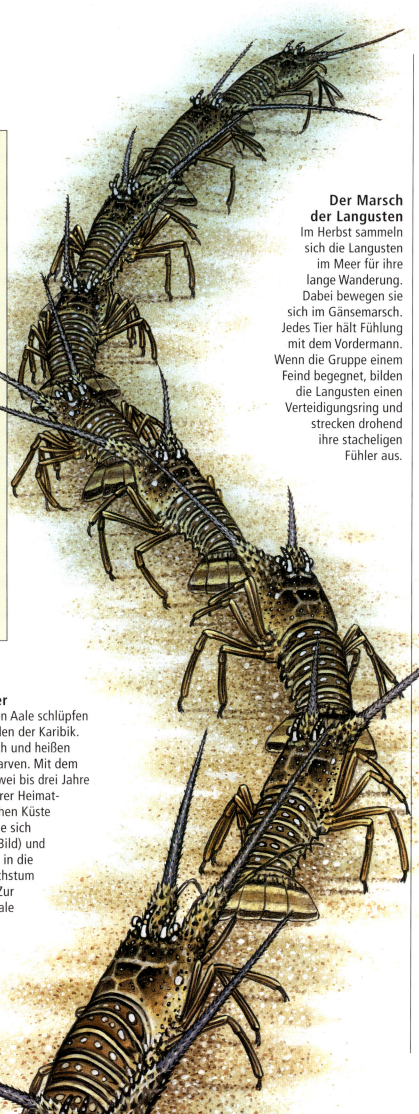

Nahrung aus dem Meer

Seit Jahrtausenden gewinnen die Menschen Nahrung aus dem Meer. Fische und Muscheln sind reich an Proteinen und anderen lebenswichtigen Nährstoffen. Die Techniken des Fischfangs sind uralt und wurden immer mehr verfeinert. Das Angeln mit Leine, Haken und Köder wird heute auch von großen Schiffen aus betrieben, wobei die Leinen bis zu 100 km lang sind! Bestimmte Tiere wie Aale, Hummer und andere Krebse fängt man in Reusen. Am weitesten verbreitet ist der Fang mit Netzen. Viele Küstengewässer sind heute aber überfischt und geplündert. Deswegen ziehen modernste Fangflotten mit Kühlschiffen in immer entlegenere Fischgründe. Sie erbeuten Millionen Tonnen von Fisch, vor allem Hering, Kabeljau, Tunfisch und Makrelen. Ein Teil des Fanges wird auch zu Öl, Tierfutter und Dünger verarbeitet.

Tunfischfang
Tunfische sind nicht leicht zu fangen. Sie sind sehr groß und äußerst kräftig. Man braucht mindestens vier Männer, um einen Tunfisch an Bord eines Bootes zu hieven. Was einst Knochenarbeit war, wird heute vollautomatisch von Fangschiffen aus erledigt.

Reich gedeckter Tisch
Saubere Meere liefern eine große Vielfalt an Tieren: Fische, Kraken, Kalmare, Hummer, Langusten, Garnelen und Muscheln werden überall auf der Welt gefangen und als Delikatessen verkauft.

Austernfarmen
Die besten Austern wachsen dort, wo das Meerwasser viel Plankton enthält, denn davon ernähren sich die Muscheln. Man züchtet Austern in Bänken. Nach eineinhalb bis drei Jahren werden die Austern geerntet.

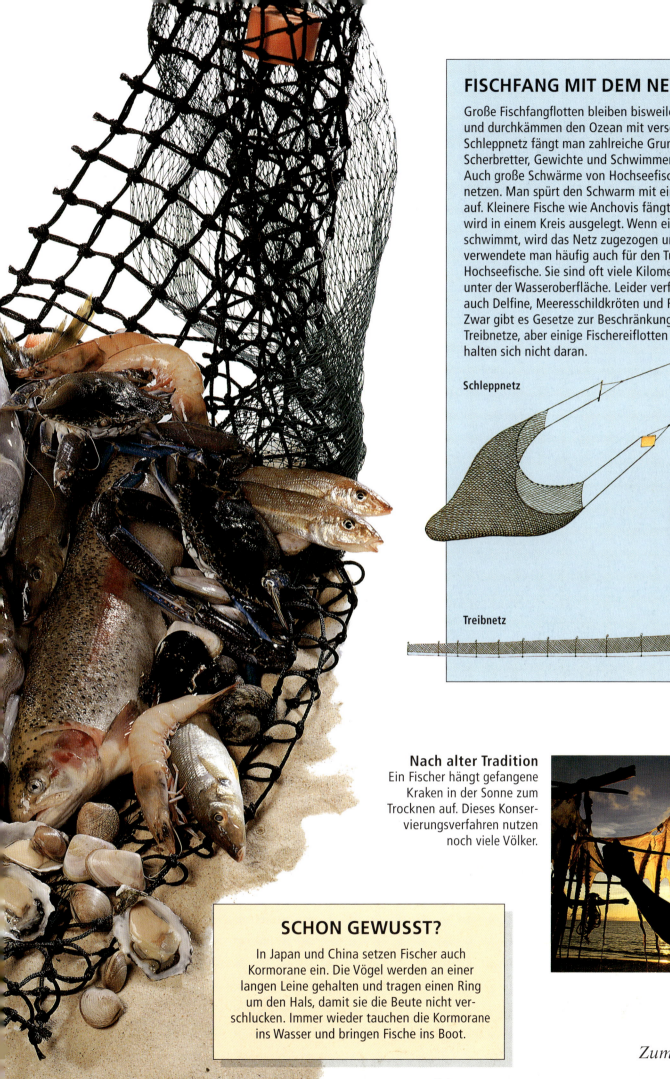

FISCHFANG MIT DEM NETZ

Große Fischfangflotten bleiben bisweilen mehrere Monate auf See und durchkämmen den Ozean mit verschiedenen Netztypen. Mit dem Schleppnetz fängt man zahlreiche Grundfischarten am Meeresboden. Scherbretter, Gewichte und Schwimmer halten dabei das Netz offen. Auch große Schwärme von Hochseefischen fängt man mit Schleppnetzen. Man spürt den Schwarm mit einem Sonargerät, der Fischlupe, auf. Kleinere Fische wie Anchovis fängt man mit Ringwaden. Die Wade wird in einem Kreis ausgelegt. Wenn eine Schule von Fischen hineinschwimmt, wird das Netz zugezogen und an Bord gehievt. Treibnetze verwendete man häufig auch für den Tunfisch und andere Hochseefische. Sie sind oft viele Kilometer lang und treiben unter der Wasseroberfläche. Leider verfangen sich darin auch Delfine, Meeresschildkröten und Robben. Zwar gibt es Gesetze zur Beschränkung der Treibnetze, aber einige Fischereiflotten halten sich nicht daran.

Schleppnetz

Ringwade

Treibnetz

Nach alter Tradition
Ein Fischer hängt gefangene Kraken in der Sonne zum Trocknen auf. Dieses Konservierungsverfahren nutzen noch viele Völker.

SCHON GEWUSST?

In Japan und China setzen Fischer auch Kormorane ein. Die Vögel werden an einer langen Leine gehalten und tragen einen Ring um den Hals, damit sie die Beute nicht verschlucken. Immer wieder tauchen die Kormorane ins Wasser und bringen Fische ins Boot.

Zum Weiterlesen 26–27

Bergbau im Meer

Die wichtigsten Rohstoffe, die heute in Meeren gesucht und gefördert werden, sind Erdöl und Erdgas. Lagerstätten gibt es vor allem vor den Küsten und es werden immer neue Vorkommen entdeckt. Doch die Vorräte sind begrenzt. Das Öl, das wir heute fördern, ist vor Jahrmillionen aus winzigen Lebewesen entstanden. Wenn alles Öl und Gas aufgebraucht ist, müssen wir uns nach anderen Energiequellen umsehen, etwa der Sonnenenergie. In Gezeitenkraftwerken wird heute das Meer selbst bereits genutzt. Im Meeresboden ruhen auch wertvolle Mineralien, vor allem Mangan. Und das Meerwasser enthält Salz, das man in Salinen gewinnt. Sogar Gold ist im Meerwasser gelöst, doch die Gewinnung ist zu kostspielig.

Erdöl – Das geförderte Rohöl ist dunkel und zähflüssig.

Bohrturm – Der Bohrturm trägt das Gewicht des Flaschenzugblocks und des Bohrgestänges.

Flaschenzugblock

Hubschrauberlandeplatz

Bohrgestänge

Parabolantennen

Rettungsboot

Kabinen

Förderleitungen

Wie Erdöl entsteht

Tote Tiere und Pflanzen sinken auf den Meeresgrund und werden von Schlamm und Sand bedeckt. Diese Sedimentschichten wandern ins Erdinnere und geraten unter Druck. Dadurch verfestigt sich das lockere Gestein. Die organischen Teile, die vom Sauerstoff abgeschlossen sind, verwesen nicht, sondern verändern sich chemisch in Kohlenwasserstoffe. Aus diesen besteht das Erdöl.

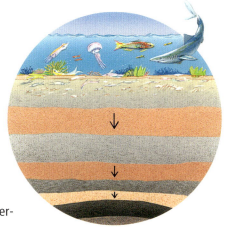

DIE SUCHE NACH MANGAN

Mangan ist ein hartes, sprödes und sehr begehrtes Metall. Es wird bei der Herstellung von Stahl benötigt, um ihn härter und widerstandsfähiger zu machen. An vielen Orten auf dem Meeresgrund hat man Manganknollen gefunden. Sie sehen aus wie schwarze Kartoffeln und entstehen durch langsames Wachstum ähnlich wie eine Perle. Jedes Jahr kommt eine neue hauchdünne Schicht Metall hinzu. So werden die Knollen immer größer, wobei sich auch einzelne Knollen miteinander verbinden können. Für einige Millimeter Wachstum brauchen sie eine Million Jahre. Der Abbau solcher Manganknollen auf dem Meeresboden ist sehr aufwändig und umweltschädlich. Die Knollen müssen zunächst nach oben gebracht und dann an Land chemisch aufgeschlossen werden, um das reine Mangan zu gewinnen. Weil dies heute noch viel zu teuer ist, bleiben die Manganlagerstätten auf den Meeresböden weitgehend unberührt. Die rechts abgebildeten Knollen stammen vom Blake Plateau im Nordatlantik aus 420 m Tiefe.

Drehkran

Fackelbrenner

Bohrlochventile
Sie transportieren Öl und Gas zur Plattform.

Verarbeitung

Schwarzes Gold

Bohrplattformen sind Fabrik und Hotel in einem. Hier leben ein paar hundert Arbeiter. Die meisten Bohrplattformen sind auf dem Meeresboden verankert. Jeden Tag pumpen sie tausende von Barrel Öl nach oben. Das schwarze Gold kann je nach Fundort schwarz bis goldgelb sein.

Rettungsboot

Routineprüfungen

Taucher müssen regelmäßig die Fundamente, die Ölleitungen sowie die Stützpfeiler überprüfen. Denn Tag und Nacht zerren die Wellen an den Plattformen. Selbst stärkste Stahlgerüste können dabei Risse bekommen.

Tiefenbohrung

Mehrere Bohrungen werden in unterschiedlichen Winkeln niedergebracht, bis man auf eine Lagerstätte stößt.

Wasserschicht
Der Meeresspiegel sinkt und steigt mit Ebbe und Flut.

Poröses Gestein
Das Wasser dringt in die Räume zwischen den einzelnen Körnern aus Kalk- und Sandsteinen sowie Tonschiefer ein.

Gesteinsschicht
Undurchlässiges Gestein schließt die Lagerstätte ab.

Öl-und-Wasser-Gemisch
Erdöl, Wasser und Erdgas bilden ein Gemisch und durchsetzen das poröse Gestein.

Undurchlässiges Gestein
Diese Schicht, meist aus Granit, hindert das Öl am Versickern.

53

Tod durch Verschmutzung

Schon immer haben die Menschen ihre Abfälle ins Meer verfrachtet, weil sie glaubten, die unendlichen Ozeane würden damit schon fertig. Heute wissen wir, dass dies ein Fehler war. Gelangen Giftstoffe wie Quecksilber und andere Schwermetalle ins Meer, werden sie von den Lebewesen aufgenommen und wandern durch die Nahrungskette. Am schlimmsten betroffen sind die Endglieder der Nahrungsketten – häufig der Mensch. In der Mitte des 20. Jahrhunderts starben viele Japaner an der Minamata-Krankheit. Sie wurde durch Quecksilber ausgelöst, das eine Fabrik ins Meer gepumpt hatte. Auch heute noch enthalten Tunfische, die vor Japans Küsten gefangen werden, oft hohe Quecksilbermengen. Erst seit 1970 haben die Vereinten Nationen begonnen, etwas gegen die Meeresverschmutzung zu tun.

Ein riesiger Mülleimer
Die Menschen werfen leider auch heute noch viel Unrat ins Meer. Das meiste wird irgendwo wieder angespült.

Gefährliches Leben
Dieser Seehund hat sich in einem Fischernetz verstrickt. Alles, was der Mensch ins Meer wirft, kann zur Gefahr werden. Schiffsleinen, Plastiktüten, Flaschenverschlüsse oder Getränkedosen kosteten schon tausenden von Säugetieren, Vögeln und Fischen das Leben.

SELTSAM, ABER WAHR
Dieser Einsiedlerkrebs bewohnt ein ganz unnatürliches Haus – statt einer Schneckenschale ein Plastikgefäß.

ÖLPEST

Wenn ein Öltanker leckschlägt und sich seine Ladung ins Meer ergießt, legt man Ölsperren aus, um das Ausbreiten des Ölteppichs zu verhindern. Das eingezäunte Öl wird dann abgeschöpft oder abgepumpt. Bei schwerer See gelingt dies kaum und das Öl verseucht die Strände. Diese Arbeiter versuchten die felsige Küste Alaskas zu reinigen, in deren Nähe der Tanker *Exxon Valdez* 1989 verunglückte.

Blaualgen
Die Blaualgen, die mit den Bakterien verwandt sind, bilden in verschmutztem Wasser dicke, giftige Matten. Sie halten das Sonnenlicht ab, sodass es nicht mehr bis zu den Seegraswiesen gelangt. Die grünen Pflanzen wachsen kaum noch und viele Fische, Muscheln und Schnecken verhungern.

Strandgut
Dieser noch nicht erschlossene Strand auf der Insel Zypern ist bereits mit angeschwemmten Abfällen übersät.

Ein Opfer der Ölpest
Eine Ölpest kostet viele Seevögel das Leben. Wenn ihre Federn mit Öl verunreinigt werden, verkleben sie und halten das Wasser nicht mehr ab. Der Vogel erfriert. Gleichzeitig vergiftet er sich, weil er das Öl mit dem Schnabel entfernt und es dabei verschluckt.

Die Zukunft der Ozeane

Wem gehört das Meer und wer sorgt dafür, dass es sauber bleibt? Wie können die Vorräte an Nahrung, Erdöl und Energie genutzt werden, ohne dass die Meere zu Grunde gehen? Damit künftige Generationen noch in sauberem Wasser schwimmen können, müssen wir die Ozeane vor uns selbst schützen. Es sind empfindliche Ökosysteme, die erhalten werden müssen. Man hat deshalb bereits Nationalparks unter Wasser eingerichtet und viele Tierarten des Meeres geschützt. Aber diese Maßnahmen helfen wenig, wenn der weltweiten Verschmutzung nicht Einhalt geboten wird. Die Meere werden rücksichtslos geplündert und der Fischfang wird immer schwieriger. Durch diese Überfischung bringen sich die Fischer selbst um ihre Existenz. Wenn die Meere erst tot sind, werden auch die Menschen nicht überleben.

Gestrandet
Manchmal schwimmen Wale zu nahe an die Küste heran und stranden. An Land müssen sie langsam ersticken. Denn sie brauchen das Wasser, das ihren schweren Körper trägt, um frei atmen zu können. Hier sind Helfer damit beschäftigt, die Haut gestrandeter Wale feucht zu halten. Bei Flut wird dann versucht, die Tiere wieder ins Meer zu schleppen.

Achtung vor der Natur
Dieser junge Meeresvogel scheint sich von seinem jungen Besucher nicht gestört zu fühlen. Doch der Schein trügt. Wir sollten die Tiere in ihren Lebensräumen möglichst in Ruhe lassen.

Muschelausverkauf
Muschel- und Schneckensammler tragen ungewollt zur Vernichtung von Lebensräumen bei. Denn ihretwegen werden Riffe geplündert und zerstört. Nur die Schalen, die am Strand angeschwemmt werden, darf man sammeln.

Dornenkrone
Die Dornenkrone ist ein sehr stacheliger Seestern. Tagsüber hält er sich versteckt, doch nachts frisst er die Korallen ab, bis nur noch ihr leeres Skelett übrig bleibt. Dieser Seestern hat in den letzten 20 Jahren große Schäden in den Riffen des Pazifiks und des Indischen Ozeans angerichtet.

RETTUNG DER OZEANE

Die Meere verbinden alle Länder der Erde miteinander. Für den Schutz der Ozeane müssen deshalb alle gemeinsam Maßnahmen ergreifen:

• Es sollten Unterwasser-Nationalparks zum Schutz der Meereslebewesen eingerichtet werden.

• Die Länder sollten festlegen, wer für die Bereiche der Meere verantwortlich ist. Heute besitzen die Anliegerstaaten alle Fischereirechte und die Rechte auf Bodenschätze in der 200-Seemeilen-Zone. Die Hochsee wird von keiner Nation kontrolliert.

• Die Regierungen müssen die Einleitung von Abwässern ins Meer strengstens kontrollieren.

• Die Seetüchtigkeit aller Schiffe, besonders der Öltanker, ist zu überprüfen und zu verbessern.

• Verursacher von Umweltschäden wie Schiffe, die Altöl ablassen, müssen ausfindig gemacht und für die Schäden zur Verantwortung gezogen werden.

• Die Routen von Öltankern sind besser zu kontrollieren. Besonders gefährdete Gebiete sollten umfahren werden.

• Schädlinge wie beispielsweise die Dornenkrone, die weite Teile des Großen Barriereriffs vor der australischen Küste zu zerstören droht, sind zu bekämpfen.

Müll im Meer
Nicht alles, was das Meer an den Strand spült, stammt von Schiffen. Vieles davon wurde auch weit im Landesinneren in die Flüsse geworfen und landet schließlich im Ozean.

Hilfe für das Meer

Die Bevölkerung der Erde wächst jährlich um fast 100 Millionen Menschen. Das bedeutet, dass jedes Jahr mehr Nahrung bereitstehen muss. Am stärksten nimmt die Bevölkerung in den Küstengebieten zu. Dort muss ständig mehr Nahrung aus dem Meer gewonnen werden. Doch gerade die Küstenmeere sind stark überfischt und die Fischer müssen immer weiter hinausfahren. Die ergiebigen Fischgründe der nördlichen Meere sind aber nicht unerschöpflich. Auch hier macht sich bereits die Verschmutzung bemerkbar, die sich durch alle Ozeane zieht. Eine Möglichkeit, die Erträge zu steigern, sind Fischfarmen vor den Küsten. So züchtet man vor der Küste Norwegens Lachse in riesigen Netzen. Aber auch für diese wunderbare Fischvermehrung ist eines nötig: sauberes Wasser!

UNTERWASSERPARK

Die Korallenriffe sind heute durch Schnorchler und Taucher, durch Verschmutzung und Überfischung weltweit bedroht. Viele tropische Länder haben die Korallenriffe deshalb teilweise unter Schutz gestellt. Touristen dürfen diese Unterwasserparks nur noch unter bestimmten Bedingungen besuchen. Das größte lebende Korallenriff der Erde ist das Große Barriereriff, das sich über 2000 km vor der Nordostküste Australiens erstreckt.

Nilbarsch
Die Aquakultur wird in Südostasien bereits erfolgreich betrieben. Man hält dort unter anderem den afrikanischen Nilbarsch. Wissenschaftler haben Formen gezüchtet, die viel schneller wachsen als deren Verwandte in Afrika. Damit kann man mehrmals im Jahr „ernten".

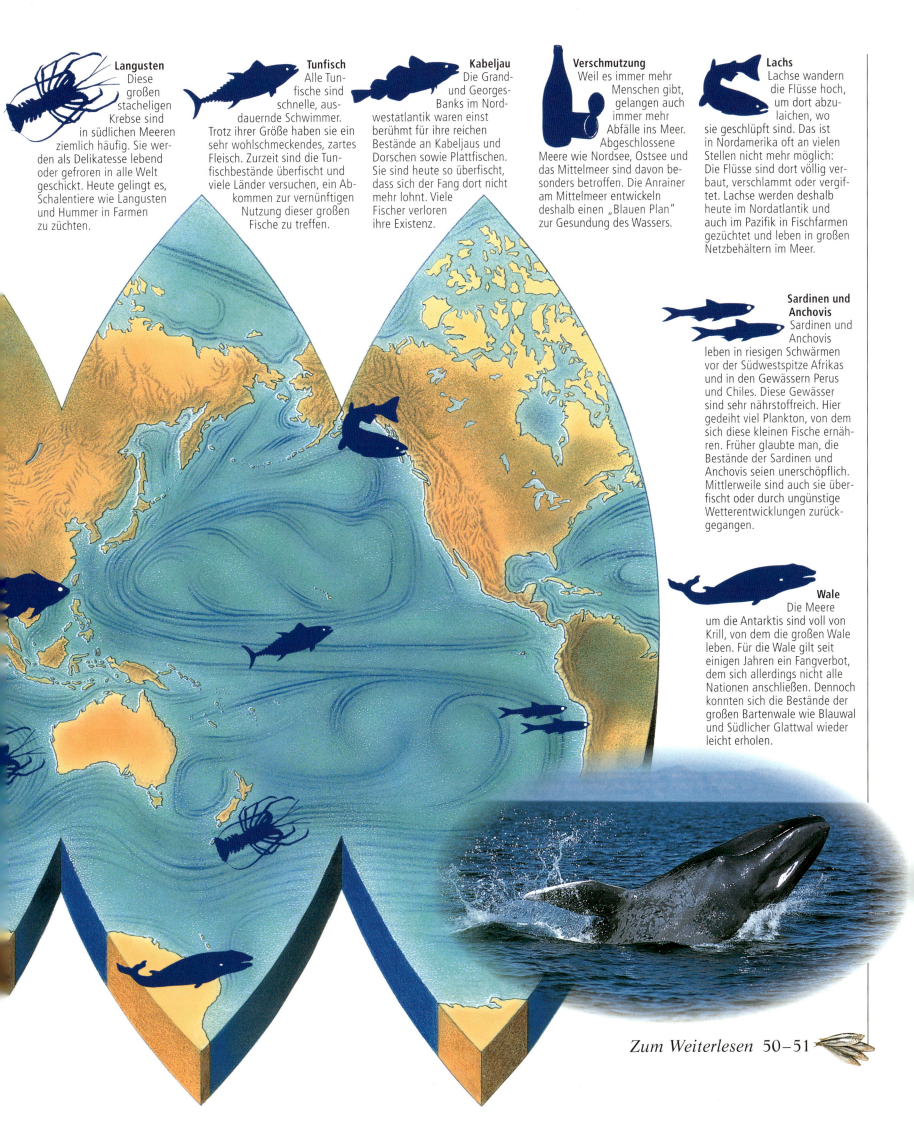

Zahlen und Daten

Über zwei Drittel der Erdoberfläche sind von Wasser bedeckt. Besonders die Südhalbkugel ist wasserreich, weil es dort viermal so viel Wasser wie Festland gibt. Die Wissenschaftler und auch die Politiker haben begriffen, dass wir vor allem die Meere untersuchen müssen, wenn wir verstehen wollen, wie die ganze Erde funktioniert, wie das Wetter und das Klima zu Stande kommen und wie sich Eingriffe des Menschen, etwa über den Treibhauseffekt, auf die Natur auswirken.

Die drei Ozeane
Der Pazifik oder Stille Ozean hat mit allen seinen Nebenmeeren eine Oberfläche von 185 Millionen km². Das ist rund ein Drittel der gesamten Erdoberfläche. Der zweitgrößte Ozean, der Atlantik, nimmt 106 Millionen km² Fläche ein. Am kleinsten ist der Indische Ozean mit 74 Millionen km².

Die gesamte Wassermenge
In allen Meeren der Welt sind fast 1,5 Milliarden km³. Salzwasser enthalten. Das ist 50-mal mehr als alles Süßwasser der Seen und Flüsse auf der Erde.

Die tiefste Stelle
Der Marianengraben nahe den Philippinen gilt mit 11 022 m als tiefster Graben im Pazifischen Ozean. Wenn man den Mount Everest, den höchsten Berg der Erde, in diesen Graben stellen könnte, läge dessen Spitze noch mehr als 2 km unter dem Wasserspiegel.

Durchschnittliche Tiefe
Im Durchschnitt aller Ozeane erreicht der Meeresboden eine Tiefe von 3700 m. Der größte Ozean, der Pazifik, kommt auf einen Durchschnittswert von 4200 m. Dagegen sind Nord- und Ostsee mit 94 bzw. 55 m sehr flache Meere.

Der Salzgehalt
Der Salzgehalt der Meere ist erstaunlich konstant und beträgt 34 bis 35 ‰, das heißt, in 1 l Meerwasser sind 34 bis 35 g Salze gelöst. Im Nordpolarmeer kann der Salzgehalt durch Schmelzwasser bis auf 28 ‰ zurückgehen. Flachmeere, die ganz vom Festland umgeben sind, können aussüßen: So liegt der Salzgehalt am Anfang der Ostsee, im Kattegatt, bei 29 ‰, im Bottnischen Meerbusen nur bei 5 ‰. Damit haben die östlichen Teile der Ostsee Brackwasser. Den Rekord im Hinblick auf den Salzgehalt hält das Rote Meer mit 240 ‰.

Bestandteile des Meersalzes
Von 35 g Meersalz sind 30 g Kochsalz, das aus Natrium und Chlor besteht. Weitere wichtige Bestandteile sind Magnesium, Kalzium, Kalium und Sulfat.

Meeresströmungen
Der umfangreichste Meeresstrom ist der Golfstrom. Jede Sekunde bewegt er 135 Milliarden l Wasser. Das entspricht dem 6,5fachen der gesamten Wassermenge aller Flüsse dieser Erde.

Anstieg des Meeresspiegels
Es ist zu befürchten, dass sich die Erde durch den Treibhauseffekt immer stärker erwärmt. Dann würden große Mengen des Inlandeises in der Arktis und der Antarktis abschmelzen und der Meeresspiegel stiege an. Wir wissen noch nicht genau, wie sich das auswirken wird.

Das Tote Meer

Von allen Gewässern hat das Tote Meer den höchsten Salzgehalt, nämlich 240 ‰. In 1 l Wasser sind damit 240 g Salz enthalten. Das Tote Meer ist kein eigentliches Meer, sondern ein abflussloser Binnensee, der rund 400 m unter dem Meeresspiegel liegt. Wegen des hohen Salzgehaltes besteht der Name zurecht, denn Tiere können in diesem salzhaltigen Wasser nicht mehr leben.

Druck

Im Wasser nimmt der Druck alle 10 m um ungefähr eine Atmosphäre zu. In 10 m Tiefe lastet somit ein doppelt so hoher Druck auf einen Taucher wie auf Meereshöhe. Dort herrscht ein Luftdruck von einer Atmosphäre. In der größten Tiefe des Meeres übersteigt der Druck 1000 Atmosphären: Auf 1 cm² lastet dort ein Druck von 1 t!

Die Farbe des Meeres

Klares, blaues Wasser zeigt immer an, dass wenig Plankton vorhanden ist. Plankton- und nährstoffreiches Wasser sieht meistens grünlich und leicht trüb aus.

Erdkruste

Unter den Meeren ist die Erdkruste nur ungefähr 5 km dick. Auf dem Festland erreicht sie eine durchschnittliche Dicke von 30 km.

Die schlimmste Sturmflut

Am 16. Januar 1362 brach die größte Sturmflut herein, die jemals die deutsche Nordseeküste heimgesucht hat: Diese zweite Marcellusflut (Sturmfluten am Tag des hl. Marcellus; erste 1219) wurde auch „Manndränke" genannt, weil dabei über 100 000 Menschen ums Leben kamen. Verheerende Sturmfluten gab es in jedem Jahrhundert. Die schlimmste Sturmflut an der Nordsee im 20. Jahrhundert war 1953 in den Niederlanden. 1800 Menschen fanden dabei den Tod und 47 000 Häuser wurden zerstört.

Die Zahl der Fischarten

Die Fische stellen die bei weitem größte Gruppe der Wirbeltiere dar. Sie allein enthalten so viele Arten wie die übrigen Wirbeltiere zusammengenommen: rund 21 000. Es steht außer Zweifel, dass es noch viele unbekannte Fischarten zu entdecken gibt. Die Zahl der Haiarten wird übrigens auf rund 350 geschätzt. Die meisten davon sind für den Menschen ungefährlich.

Das größte Lebewesen

Der Blauwal ist nicht nur das größte Lebewesen des Meeres, sondern auch das größte lebende Säugetier der Erde. Er wird bis zu 30 m lang und 170 t schwer. Den Rekord als größter Fisch hält der Walhai, der 15 m lang werden kann.

Erforschung

98 % des Meeresbodens sind heute noch unerforscht. Wir wissen also noch fast nichts über die Meere!

Verschmutzung

Das am stärksten verschmutzte Meer der Welt ist das Mittelmeer. Jedes Jahr wird es mit 430 Milliarden t Abwässern und Abfällen belastet.

SELTSAM, ABER WAHR

Manche Fische verändern ihr Geschlecht. Der Engelfisch lebt in Gruppen aus einem Männchen und mehreren Weibchen im Südpazifik. Stirbt das Männchen, verwandelt sich das größte Weibchen in ein Männchen.

Fachbegriffe

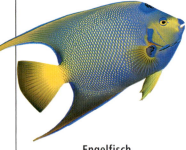
Pilgermuschel

Engelfisch

Tauchboot

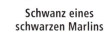
Kaiserpinguin

Algen Die einfachsten grünen Pflanzen. Die einzelligen Pflanzen bilden den größten Teil des Planktons. Unter den mehrzelligen Algen gibt es wahre Riesen, zum Beispiel die Tange, die über 400 m lang werden können.

Antarktis Das Gebiet südlich des südlichen Polarkreises. Ein großer Teil der Antarktis besteht aus dem extrem kalten Kontinent Antarktika.

Aquakultur Die planmäßige Zucht von Fischen, Krebsen und Muscheln zur Nahrungserzeugung. Die Aquakultur gewinnt immer mehr an Bedeutung.

Arktis Das Gebiet nördlich des nördlichen Polarkreises. An der Arktis haben Europa, Asien und Nordamerika Anteil, doch in der Arktis selbst gibt es keinen Kontinent. Der Nordpol liegt auf einer Eisschicht über dem Meer.

Ästuar Geografische Bezeichnung für den Lebensraum einer Flussmündung. Das Süßwasser vermischt sich dort mit dem Meerwasser zu Brackwasser. Ästuare sind oft flache Lagunenlandschaften.

Bathythermograf Ein wissenschaftliches Instrument zur Messung der Wassertemperatur in den unterschiedlichen Schichten.

Blasloch Wale atmen über ein einziges Nasenloch, das sich auf der Oberseite des Kopfes befindet. Beim Ausatmen erzeugt dabei jeder Wal einen anderen Blasstrahl, an dem man ihn erkennen kann.

Beaufort-Skala Die heute noch übliche Einteilung der Windgeschwindigkeit und der Auswirkungen des Windes von Stärke 0–12. Benannt ist die Skala nach dem englischen Admiral Sir Francis Beaufort.

Biolumineszenz Die Produktion von Licht durch Lebewesen. Es gibt manche Bakterien und Pilze, die von sich aus leuchten. In der Tiefsee haben viele Fische Leuchtorgane, in denen leuchtende Bakterien leben.

Ebbe Das Fallen des Wasserspiegels im Laufe der Gezeiten. Landratten bezeichnen das Niedrigwasser oft fälschlich als Ebbe.

Eisberg Die Eisberge im Nordatlantik stammen zum größten Teil von den Inlandgletschern Grönlands. Wenn am Meeresufer Eisberge abbrechen, nennt man das „kalben".

Fischlupe Ein spezielles Ultraschallgerät (Sonar), mit dem man größere Fischschwärme in der Tiefe ausmachen kann.

Flut Das Steigen des Wassers im Rahmen der Gezeiten. Der höchste Wasserstand wird oft fälschlicherweise als Flut bezeichnet.

Fossile Brennstoffe Die fossilen Brennstoffe sind aus abgestorbenen Pflanzen und Tieren im Laufe von Jahrmillionen entstanden. Als fossile Brennstoffe bezeichnen wir Erdöl, Erdgas, Kohle und Torf.

Geologie Die Wissenschaft von der Erde, von ihrem Aufbau, ihrer Geschichte, ihren Formen und den Kräften, die zur Bildung der Erde führten.

Guyot Ein Tafelberg und Unterwasservulkan, der oben abgeflacht ist. Die meisten Guyots liegen 1000 m unter der Wasseroberfläche.

Kartografie Die Wissenschaft von der Herstellung von Landkarten und Atlanten.

Kern Innerster Teil der Erde. Der innere Erdkern bildet eine Kugel mit einem Radius von etwa 2700 km. Der äußere Erdkern besteht zur Hauptsache aus geschmolzenem Eisen und Nickel.

Kiemen Die Atemorgane der meisten wasserbewohnenden Tiere. Bei den Fischen liegen die Kiemen unter dem Kiemendeckel verborgen.

Kontinentalabhang Ein mehr oder minder steiler Abhang, der vom flachen und seichten Kontinentalschelf in die Tiefsee führt.

Kontinentalschelf Das flache, ungefähr 200 m tiefe Meeresgebiet vor der Küste, das die Geologen noch zum Festland zählen.

Krill Bezeichnung für garnelenartige Krebstiere, vor allem in antarktischen Gewässern.

Kruste Die oberste verfestigte Schicht der Erde. Die Erdkruste ist unter Ozeanen etwa 5 km dick, während sie auf dem Festland eine Dicke von 30 bis 60 km erreicht.

Mantel Die mittlere Schicht der Erde, die unter der Erdkruste und über dem Erdkern liegt. Ihre Schichtdicke beträgt fast 3000 km. Der Mantel ist eine sehr heiße, teilweise geschmolzene Gesteinsmasse.

Schwanz eines schwarzen Marlins

Mineral Ein einheitlicher Bestandteil der Erdkruste. Mineralien sind feste Körper, die vorwiegend in Kristallform vorkommen. Der Bergbau versteht unter Mineralien vor allem Erze.

Mittelozeanischer Rücken Allgemeine Bezeichnung für mächtige Gebirgszüge, die meist mitten in den Ozeanen liegen. An der Kammlinie entströmt diesen mittelozeanischen Rücken flüssige Lava. Dabei entsteht neuer Meeresboden, der sich von der Kammlinie wegbewegt.

Navigation Durch Navigation kann man sich in einem unbekannten Gebiet zurechtfinden. Schiffe bestimmen ihren Standort und ihren Kurs mit Hilfe der Navigation.

Nipptide Wenn Sonne und Mond einen rechten Winkel zur Erde bilden, ist der Gezeitenunterschied sehr wenig ausgeprägt: Das Hochwasser liegt dann niedrig, das Niedrigwasser hoch.

Ökosystem Natürliche Einheit, die aus Lebensraum (z. B. Boden, Luft, Wasser) und Lebensgemeinschaft von Pflanzen und Tieren besteht.

Ozeanografie Die Wissenschaft von den Meeren und Ozeanen. Die Ozeanografen beschäftigen sich mit den Meeresströmungen, den physikalischen Verhältnissen, den Wechselwirkungen zwischen Ozean und Atmosphäre und mit all den Tier- und Pflanzengruppen des Meeres.

Photophoren Leuchtorgane, besonders der Fische. Das Licht der Photophoren erzeugen meistens Bakterien.

Plankton Die Gesamtheit aller meist mikroskopisch kleiner Tier- und Pflanzenarten, die im Wasser schweben und von ihm verfrachtet werden. Das pflanzliche Plankton (Phytoplankton) bildet die Grundlage für alle Nahrungsketten im Meer. Das tierische Plankton (Zooplankton) besteht aus winzigen Krebschen und Larven.

Plattentektonik Die Theorie, dass die Erdkruste in mehrere Platten zerlegt ist, die sich bewegen (driften). Dadurch entstehen Erdbeben und Vulkane sowie neue Kontinente und Meere.

Polyp Glockenförmige Tierform mit weichem Körper. Die Korallen bestehen aus Polypen, die in Kolonien zusammenleben und die Korallenstöcke aufbauen.

Riff Eine meist lang gestreckte Erhebung auf dem Meeresboden. Riffe werden von Kolonien bildenden Korallen aufgebaut.

Saline So viel wie Salzgarten. In Salinen lässt man Meerwasser verdunsten, damit das enthaltene Salz auskristallisiert.

Seamount Ein Vulkan unter Wasser. Nur sehr wenige Seamounts ragen als Inseln über den Meeresspiegel hinaus, zum Beispiel in der Hawaii-Kette.

Sediment Eine noch lockere oder schon verfestigte abgelagerte Schicht. Meeressedimente bestehen zur Hauptsache aus den Schalen und Resten abgestorbener Tiere und Pflanzen. Die Sedimentschicht in den Tiefsee-Ebenen ist 300–500 m dick.

Springtide Wenn Sonne, Mond und Erde in einer Linie liegen, ist der Gezeitenhub besonders groß. Bei ungünstigen Wetterbedingungen können aus den Springtiden Springfluten werden.

Symbiose Das Zusammenleben zweier verschiedener Tier- oder Pflanzenarten zum gegenseitigen Nutzen. Einige Fische in der Dämmerungszone enthalten in ihren Leuchtorganen symbiontische Bakterien.

Taucherkrankheit Eine gefährliche Krankheit, die sich dann ergibt, wenn der Taucher aus großen Tiefen zu schnell nach oben kommt. Der im Blut enthaltene Stickstoff perlt dabei in Form von Gasblasen aus und führt zu Lähmungen.

Tiden So viel wie Gezeiten.

Tiefsee-Ebene Ein außerordentlich flaches Gebiet, das sich von den mittelozeanischen Rücken bis zum Rand der Kontinente erstreckt.

Tsunami Eine riesenhafte Meereswelle, die durch den Ausbruch eines Unterwasservulkans oder durch ein Seebeben ausgelöst wird.

Wasserhose Ein rüsselförmiger Luftwirbel, der sich von der Unterseite einer Wolke bis auf den Boden oder den Meeresspiegel herabsenkt. Wasserhosen sind sehr viel begrenzter als Tornados und richten deshalb auch keine so großen Verwüstungen an.

Riesenkalmar

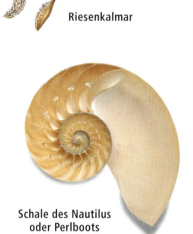

Schale des Nautilus oder Perlboots

Eier des Papierboots

Spanische Münzen

Blaue Schwimmkrabbe

Register

A
Aal 49, 50
Äquator 13
Algen 16, 20, 26, 62
Amphore 35
Anglerfisch 29, 31
Antarktis 24, 60, 62
Äquatorialstrom 13
Aquakultur 58, 62
Aqualunge 41
Archäologen 46
Arktis 25, 60, 62
Ästuar 14, 15, 62
Atlantik 6, 60
Atlantis 46, 47
Atlantischer Ozean 6, 60
Atoll 21
Austern 50

B–C
Bakterien 28, 32, 33
Bartenwale 59
Bathysphäre 41
Bathythermograf 8, 62
Beaufort-Skala 11, 62
Beilbauch 29–31
Bergbau 52, 53
Bergung 35–38
Bermuda-Dreieck 46, 47
Biolumineszenz 28, 62
Blaualgen 55
Blauwal 24, 59, 61
Blumentiere 20
Bohrturm 52, 53
Brackwasser 14, 15, 60
Buckelwal 18, 19, 44
Clownfisch 20
Cousteau, Jacques 38

D–E
Dämmerungszone 28, 29
Delfin 19, 51
Delta 14
Doktorfisch 20
Dornenkrone 57
Dredsche 34, 39
Drift 6, 7
Ebbe 12, 62
Echoortung 19
Einsiedlerkrebs 23, 54
Eisbär 24, 25
Eisberg 24, 35, 40, 44, 62
Eismeer 19
Erdbeben 6, 10
Erdgas 52, 53
Erdkern 7, 62
Erdkruste 7, 61, 62
Erdmantel 7, 62
Erdöl 52, 53

F–G
Fangarm 21, 26
Fangschiffe 50, 51
Felsküste 16
Filter 27
Fische 18, 50, 61
Fischfang 50, 51
Fischfarm 58, 59
Fischlupe 51, 62
FLIP-Schiff 43
Flussmündung 14, 15
Flut 12, 62
Forschungsschiff 8, 34, 39, 42, 43
Freitaucher 41
Garibaldi-Fisch 16
Garnelen 23, 24, 27, 28, 31
Gezeiten 10, 12
Gezeitenkraftwerk 53
Gezeitenzone 16
Golfstrom 12, 49, 60
Großes Barriereriff 9, 57, 58
Grundnetz 51
Guyot 9, 62

H–J
Hai 27
Hawaii 9, 11
Heißwasserquellen 32, 33
Hering 18, 27, 50
Hochseefischerei 51
Hummer 50, 59
Hurrikan 11
Indik 6, 60
Indischer Ozean 6, 60

K–L
Kabeljau 50, 59
Kaiserpinguin 24
Kalmar 27, 31, 50
Kartografie 62
Kiemen 62
Kippschiff 43
Kissenlava 8
Kohlenwasserstoff 53
Kontinentalabhang 8, 62
Kontinentaldrift 6
Kontinentalschelf 8, 18, 62
Korallen 20, 21, 23
Korallenfisch 23
Korallenriff 20, 21, 29, 58
Krake 17, 23, 44, 50, 51
Krill 24, 27 48, 59, 62
Küstengewässer 18, 19
Küstenseeschwalbe 48
Lachs 27, 49, 58, 59
Langusten 49, 50, 59
Leuchtorgane 27–31
Loch Ness 45
Lungenautomat 36, 38

M
Magma 8, 9
Malstrom 10
Manganknollen 52, 53
Mangroven 14
Mantarochen 27
Marianengraben 60
Mauna Loa 9, 11
Meeresboden 6, 8, 32, 33
Meereslabor 42, 43
Meeresschildkröten 48, 51
Meeresströmung 12, 13, 24, 34
Meerestiefe 40, 41
Meeresungeheuer 44, 45
Meeresverschmutzung 54–59, 61
Meerjungfrau 45
Minamata-Krankheit 54
Mittelozeanischer Rücken 9, 32, 33, 63
Mond 12
Mondfisch 28
Muschel 15, 16, 57

N–O
Nahrungskette 26, 27, 54
Navigation 35, 42, 63
Neptun 45
Nesselkapseln 16, 20, 21, 23, 26
Netzfischerei 50, 51
Nipptide 12, 63
Nordpolarmeer. 24, 25
Odysseus 44
Ölleitung 53
Ölpest 55
Öltanker 56, 57
Orkan 11
Ozeane 6
Ozeanografie 34, 39, 42, 43, 63

P–Q
Packeis 24
Panzertaucher 8, 38, 41
Papageitaucher 25
Papierboot 18
Pazifik 6, 60
Pazifischer Ozean 6, 60
Perlboot 18
Photophoren 63
Plankton 18, 26, 27, 34, 59, 63
Plattentektonik 6, 63
Plattfische 23
Polarmeere 24, 25
Polypen 20, 21, 63
Portugiesische Galeere 26
Poseidon 45
Pottwal 51
Pressluftflasche 36, 38, 41
Qualle 26, 39
Quecksilber 54

R
Reuse 50
Riesenkalmar 31
Riesenkrake 44
Riesenrochen 27
Riff 20, 21, 44, 57, 63
Ringwade 51
Robben 24, 27, 51
Röhrenwürmer 32, 33
Rotes Meer 6, 60

S
Saline 52, 63
Salpen 29
Salz 60, 61
Salzwasser 14, 15
Sardinen 18, 59
Sargassosee 49
Schatzsuche 35–38
Schelfeis 24
Schelfmeer 18
Schlangenstern 16, 39
Schleppnetz 51
Schlingeraal 30, 31
Schnecken 17, 57
Schützenfisch 15
Schwermetalle 54
Schwertwal 26
Seamount 63
Sediment 8, 63
Seeanemone 16, 20, 21, 23
Seehund 27, 54
Seeigel 16, 17
Seemannsgarn 44, 45
200-Seemeilen-Zone 57
Seemonster 44
Seeotter 17
Seepferdchen 15, 23
Seepocken 17
Seeschlangen 18
Seestern 16, 20, 57
Seitenliniensystem 30
Sirenen 44
Sonar 8, 9, 51
Sonne 12
Spanfisch 28
Springtide 12, 63
Stachelhäuter 16
Stativfisch 33
Steinfisch 22
Stelzwurzeln 14
Stiller Ozean 60
Strand 16
Strandgut 55
Strandschnecke 17
Strömung 10, 12, 13
Sturmflut 61
Südpolarmeer 24
Süßwasser 14, 15
Symbiose 20, 63

T
Tafelberg 9
Tang 16, 17
Tarnfarbe 30
Tarnung 22, 23
Tauchboot 32, 35, 40, 41
Tauchen 8, 36, 38, 41
Taucherglocke 38
Taucherkrankheit 63
Tauchtiefen 41
Tentakel 33
Thermometer 34
Thomson, Wyville 39
Tiden 12, 63
Tidenhub 12
Tiefenströme 42
Tiefsee 8, 9, 30–33, 63
Tiefseefische 28, 29
Tiefseegraben 9
Tiefseevulkan 9
Tierwanderungen 48, 49
Tintenfisch 17, 18, 27–29
Tornado 11
Totes Meer 61
Treibgut 12
Treibhauseffekt 42, 60
Treibnetz 51
Tsunami 10, 11, 63
Tunfisch 18, 50, 51, 54, 59

U–Z
Überfischung 50, 56–59
Ultraschall 19
Unterseeboote 40
Unterwasser-Nationalpark 56–58
Unterwasserarchäologie 35–38
Unterwasserfotografie 36
Unterwasserlabor 40
Unterwasserortung 36
Urkontinent 6
Viperfisch 28, 29
Vulkan 6, 7, 9, 10
Watvögel 14
Wale 25, 48, 57, 59
Walross 19, 24
Wasserdruck 61
Wasserhose 11, 63
Wassertemperatur 34
Wasservögel 14
Weddellrobbe 24
Wegener, Alfred Lothar 6
Wellen 10
Weltmeere 6, 34, 60
Wind 10
Windhose 11
Windstärke 11
Wirbelsturm 10
Woods-Hole-Institut 42, 43
Wracks 35–38, 40
Zahnwal 7

Bildnachweis

(l=links, M=Mitte, r=rechts, u=unten, B=Bildsymbol, H=Hintergrund, R=Rückseite, U=Umschlag, V=Vorderseite)
Ad-Libitum, 4M,13Mr, 42ol, 50–51, 50ul, 50Ml, 50ol, 56B, 57o, 57M+r, 58B, 60M, 60o, 62o, 63u, 63oM (S. Bowey). **Auscape,** 58ul (K. Deacon), 48ul, 57ol (J. P. Ferrero), 59or (F. Gohier), 17Mr (C. A. Henley), 18uM, 21ol, 63M (D. Parer & E. Parer-Cook), 23Ml (M. Tinsley), 20–21 (A. Ziebell). **Austral International,** 40Ml (R. Parry/Rex Features). **Australian Museum,** 4B, 5B, 6B, 8B, 10B, 12B, 14B, 16B, 18B, 22B, 26B, 28B, 30B, 32B, 44B, 46B, 48B, 51B (H. Pinelli). **Australian National Maritime Museum Picture Library,** 8ur (S. Bowey/Ad-Libitum), 4ol, 39ol, 34uM, 34ul. **Australian Picture Library,** 19Mr (Volvox), 61r (L. Weier), 61ul (L. & I. Weier). **Bill Bachman,** 60–61. **Esther Beaton,** 54or, 55uM, 55l, 55ol. **Bettmann Archive,** 38Mr (UPI). **Biofotos,** 49ul (H. Angel), 62oM (I. Took). **Bruce Colman Ltd,** 54ul (A. Compost), 24ur (F. J. Erize), 27ul (I. Everson), 49M (J. Foott), 21ur, 21ll (C. & S. Hood), 20–21u, 21ol (J. Murray), 24M, 62uM (H. Reinhard), 16–17M, 17o (F. Sauer), 20ol (N. Sefton), 15Ml (K. Taylor), 54l (J. Topham), 20uM (B. Wood). **James Cook University,** 9 (D. Johnson). **Kevin Deacon,** 23ol (Dive 2000). **DJC & Associates,** 57ur (D. J. Cox). **Mary Evans Picture Library,** 11ol (Photo Researchers Inc), 31Ml, 38o+M, 44ol, 45or, 46ol, 47ur. **Granger Collection,** New York, 5B, 34B, 35B, 38B, 40B, 42B, 45ur, 47u 50B,
52B, 54B. **Greenpeace,** 55ur (Beltra), 55u (Midgley). **Richard Herrmann,** 17u+ur. **Ifremer,** 33or. **Images Unlimited,** 40or (A. Giddings), 8ol (C. Nicklin). **Minden Pictures,** 35ur (J. Brandenberg), 51ur, 54–55, 56, 57Ml (F. Lanting), 16Ml (F. Nicklin). **Natural History Photographic Agency,** 28ol (Agence Nature), 45uM, 49ol (G. I. Bernard), 58Ml (B. Jones & M. Shimlock), 21Mr (B. Wood). **Oxford Scientific Films,** 7uM (A. Atkinson), 22–23u (G. I. Bernard), 21uM (L. Gould), 16o, 22Ml, 23Mr (H. Hall), 20o (M. Hall), 24Ml (B. Osborne), 26ur, 29r (P. Parks), 22ul (D. Shale), 26ul, 26Mr (H. Taylor Abipp), 23or (K. Westerkov). **The Photo Library,** Sydney, 52ol (H. Frieder Michler/SPL), 47r (D. Hardy/SPL), 27Mr (NASA/SPL), 12ol (J. Sanford/SPL), 6Mr, 11ul, 11Ml (SPL), 55Mr (V. Vick). **Photo Reseachers Inc,** 8ul (J. R. Factor), 6ur (NASA/SPL), 53r (G. Whiteley). **Planet Earth Pictures,** 20M (G. Bell), 55M (M. Conlin), 28r, 29Mr, 29r, 29ol, 31M, 31or (P. David), 8ur (R. Hessler), 54l (C. Howes), 29M (K. Lucas), 16o (J. Lythgoe), 29Mr (L. Madin), 25ul (R. Matthews), 40ol, 62M (D. Perrine), 24or (P. Sayers), 8M (F. Schulke), 20ul (P. Scoones), 57ul (W. Williams), 23ur (A. Kerstitch), 22o (K. Lucas), 22Mr (P. Scoones). **Queensland Museum,** 36o, 35ol (G. Cranitch). **Jeffrey L. Rotman,** 35ol, 35or, 50or, 63uM. **Science Museum,** London, 34l (Science & Society Picture Library). **Scipps Institution of Oceanography,** University of California, San Diego, 43or. **Marty Snyderman,** 53ul. **State**
Library of New South Wales, Image Library, 34ul, 39u, 39ur, 39Mr, 39r, 39or. **Survival Anglia,** 15or (J. Foott). **Woods Hole Oceanographic Institution,** 42ur, 43ol. **Norbert Wu,** 23M, 29uM, 29ur, 29or, 55r.

Grafik

Graham Back#, 22–23. **Greg Bridges,** 46–47. **Simone End,** 4ul, 4–5oM, 31uM, 57uM, 63or. **Christer Eriksson,** 2–3, 4–5uM, 6ol, 12–13, 16–17, 24–25, 44–45. **Mike Golding,** 58–59. **Richard Hook,** 34/39. **David Kirshner,** 5ur, 15or, 18–19uM, 26ur, 28ul, 28ur, 29ul, 30–31, 62ul. **Axel Lavroff,** 11ur, 19ur, 40ul. **Colin Newman,** 5or, 14–15. **Oliver Rennert,** 6–7, 6ul, 8–9, 40–41. **Ken Rinkel,** 41r. **Trevor Ruth,** 4ol, 10–11, 11or, 32–33, 48–49. **Rod Scott,** 18–19, 26–27. **Steve Seymour,** 42–43, 52–53. **Ray Sim,** 12ul, 13ol, 13or, 51or. **Kevin Stead,** 35–38. **Rod Westblade,** endpapers.

Umschlag

Ad-Libitum, RUol, VUor (S. Bowey). **Auscape,** H (L. Newman & A. Flowers). **Biofotos,** VUol (I. Took). **Bruce Colman Ltd,** VUuM, VUur (C. & S. Hood), VUul, VUr (J. Murray). **Natural History Photographic Agency,** VUr (B. Wood). **Oxford Scientific Films,** VUuM (L. Gould).